Das Buch zur Fernsehserie

Rhein kulinarisch

Rhein kulinarisch

bearbeitet von
Wolf-Günther Gerlach

Herausgeber

SWR SÜDWESTRUNDFUNK

trv

TR-Verlagsunion

Bildnachweis:
Mit freundlicher Genehmigung von:
© Andreas Bein: S. 8-10
© Breisach-Touristik: S. 62
© Inge Decker/Stadt Köln: S. 110
© Thomas Dix/Vitra Design Museum, Weil am Rhein: S. 58
© Dokumentationsstelle der Gemeinde Rheinau: S. 35
© Heinz Efhardt, Tourist Info Oberkirch: S. 80
© Ralf A. Gemmecke: S. 88, 90-95, 102, 105
© Rainer-Maria Halbedel: S. 109
© Roman Horner, Vorarlberg Tourismus: S. 24
© Wolfgang Junglas: S. 99
© Jürgen Köpp: S. 118
© NBT: S. 122, 124
© A. Nennstiel: S. 79, 81
© Wolfgang Junglas: S. 99
© Wolfgang Junglas: S. 99
© Manfred Dedo Neusen: S. 111
© Volker Oehl: S. 98
© Ulrich Otte/Düsseldorf Marketing & Tourismus GmbH: S. 114
© Rheinland-Pfalz Tourismus GmbH: S. 104
© Schaffhausen Tourismus: S. 34
© Schwarzwälder Freilichtmuseum Vogtsbauernhof, Gutach: S. 78
© M. Sondermann, Presseamt Stadt Bonn: S. 108
© Erich Spiegelhalter: S. 60
© StockFood/Uwe Bender: S. 123
© Tourismus Marketing Baden-Württemberg: S. 64
© Tourist Service Stein am Rhein: S. 32
© Verkehrsverein Ermatingen: S. 28
© Verkehrsverein Loreley-Burgenstraße: S. 100
© Verkehrsverein Reichenau e.V.: S. 29
© Thomas Wernet: S. 63
© Bernhard Wilfing, Vorarlberg Tourismus: S. 25

Alle übrigen Bilder mit freundlicher Genehmigung von
FR 3, ORF, SWR, WDR aus den Fernsehproduktionen „Rhein kulinarisch“.

Die Deutsche Bibliothek – CIP-Einheitsaufnahme
Ein Titeldatensatz für diese Publikation ist bei der Deutschen Bibliothek erhältlich.

2., durchgesehene Auflage 2002

Umschlaggestaltung: Reinhard Schütz, Baden-Baden
Gesamtherstellung: Grafische Kunstanstalt & Verlag
Jos. C. Huber KG, Dießen/Ammersee
ISBN 3-8058-3531-0

Inhalt

Vorwort

Die Luft ist kühl und es dunkelt,
Und ruhig fließt der Rhein;
Der Gipfel des Berges funkelt
Im Abendsonnenschein.

Dieses Bild aus dem wohl bekanntesten Gedicht über den Rhein, der „Loreley“ von Heinrich Heine, spiegelt nur einen Charakter des Stromes: ruhiges Fließen. Andere Autoren dichten über „stürzende Wasserkaskaden“ bei Schaffhausen und „muntere Forellen“ im Schweizer Gebirgsbach, dem Jungen Rhein.
Folgen Sie uns auf unseren Streifzügen durch die verschiedenen Rheinregionen – 1320 Kilometer von der Quelle bis zur Mündung. Start ist im Schweizer Gotthardmassiv, vorbei am Österreichischen Vorarlberg, in voller Länge durch Frankreichs Osten und Deutschlands Westen bis zum Zielpunkt Niederlande.
Interessante Menschen, kulinarische Entdeckungen und kulturgeschichtliche Hintergründe erwarten Sie – präsentiert von der zwölfteiligen Fernsehserie „Rhein kulinarisch“, begleitet von diesem Buch. Zehn Autorinnen und Autoren aus den Rheinanliegerstaaten Österreich, Frankreich und Deutschland laden ein zu kulinarischen Genüssen, die man in den unterschiedlichen Landschaften am Rhein in großer Anzahl und bester Qualität entdecken kann.
Es sind Empfehlungen für raffinierte Feinschmeckerrestaurants, für charmante Weinstuben und urige Wirtshäuser. Gemeinsam haben sie: eine bodenständige Küche mit frischen Zutaten. Das zweite verbindende Element über alle Landesgrenzen hinweg ist der Wein. Schließlich gilt: wo edle Rebensäfte gedeihen, ist auch eine gute Gastronomie zu Hause!
Sie finden in diesem Buch mehr als 30 Rezepte von Gerichten, die wir in den Filmen vorgestellt haben. Testen Sie unsere Empfehlung für Ihre ganz persönliche Rheinreise.
Ich wünsche Ihnen viel Spaß beim Lesen und Nachkochen!

Ihr Georg Felsberg

Das Graubündener Quellgebiet

In zwölf Etappen führt unsere Reise zu beiden Seiten des Rheins von den Alpen bis zur Nordsee. Im Mittelpunkt stehen die Bewohner aus der Schweiz, Österreich, Frankreich, Deutschland und den Niederlanden mit ihren kulinarischen Traditionen. Dienten Flüsse in der Geschichte zwar oft als Grenzlinien, gelingt im zusammenwachsenden Europa gerade am Rhein der Brückenschlag zum Nachbarn. In der Küche mischt sich so manches und wird gerade deshalb zur regionalen Besonderheit.

Wir beginnen unsere Reise am Gotthardmassiv. Hier entspringt einer der Quellflüsse des Rheins. Der Toma-See in 2343 Metern Höhe gilt als verbrieftes Quellgewässer des Vorderrheins. Vom Fluss sieht man allerdings sehr wenig, denn schon bald wird das Wasser zur Energieerzeugung in Rohre geleitet. Was bleibt ist das gigantische Tal.

In die Graubündner Bergwelt kommen meist Besucher, die das Ursprüngliche suchen: Wandervögel, Alpinisten, Naturliebhaber, Camper. Nach einer Wanderung trifft man sich – beispielsweise im Gasthaus „Rheinquelle“. Beim Blick in die Speisekarte machen wir erste Bekanntschaft mit den regionalen Gerichten wie Capuns, Maluns oder Pizokel. Die ungewöhnlichen Namen stammen wahrscheinlich aus den „Quellen“ der in Graubünden gesprochenen romanischen Sprache. Am bekanntesten ist für uns der „Bündner Teller“, eine Spezialität aus Trockenfleisch und Trockenwürsten.

Zur Spezialität wird diese Ware in Fleischtrocknereien – beispielsweise der von Anselm Sialm in Segnas bei Disentis, das durch sein barockes Kloster bekannt ist. Bei unserem Besuch hängt er in der Trockenkammer gerade Fleischstücke und Würste auf. Sie trocknen hier auf 1330 Metern Höhe an der Luft der talauf- und talabwehenden Winde. Es ist eine traditionelle Art, Lebensmittel zu konservieren.

Die „Veredelung" des rohen Fleisches erfolgt in mehreren Schritten. Zuerst wird es gesalzen und in einer „Kräuter-Lauge" zwei bis drei Wochen eingelegt. Danach folgen weitere zwei bis drei Wochen, in denen das Fleisch trocknet. Seine typische eckige Form erhält es durch Pressen. Erst nach Abschluss des gesamten Prozesses darf man es „Bündner Fleisch" nennen, eine geschützte Marke. Solche Gütesiegel haben Hochkonjunktur, damit sich die regionalen Produkte auf den globalisierten Märkten behaupten können.

Capuns als „Resteverwertung"

Wer sich in einen der typischen roten Züge der Rhätischen Bahn setzt und entlang des Vorderrheins fährt, kommt am Bahnhof Sumvitg mit dem Gasthaus „Ustria dalla Staziun" vorbei. Uns dient der Halt, um Capuns in der Küche von Ludovina Candinas kennen zu lernen. Dazu bereitet die Betreiberin des Bahnhofsgasthauses eine Art Spätzle-Teig, dem sie einige Kräuter zugibt. Dann rollt sie den Teig in kleine Würste und wickelt diese in Mangoldblätter. Die „Wickel" werden in einer Bouillon gekocht. In Graubünden, so unsere Gastgeberin, gebe es so viele Capuns-Rezepte wie Haushalte. Viele fügen klein geschnittenes Bündnerfleisch oder Landjäger hinzu. Besonders die Enden werden dabei einer „Resteverwertung" zugeführt – denn ursprünglich sind Capuns wirklich eine Art „Resteverwertung". In der Gegend waren die Leute arm und ließen nichts umkommen.

Beim Schwenk über die Landschaft um Sumvitg bleibt unser „Kameraauge" auf der Nauschgel-Alp hängen. Hier steht uns für das Thema Käse und Butter ein langer Drehtag bevor, denn die Arbeit auf der Alp beginnt mitten in der Nacht. Ab drei Uhr putzen die Senner Patrick und Lucas die Käselaiber im Keller mit Salzlauge, damit kein Schimmel ansetzt.

Inzwischen holen die Hirten das Vieh von der Nachtweide in den Stall zum Melken. Nebenbei muss schon der Ofen in der „Käseküche" angefeuert werden. 140 Kühe verbringen den Sommer auf 2200 Metern Höhe. Zwei Hirten und zwei Senner sind für vier Monate hier oben.

Die Nauschgel-Alp wird als Genossenschaft von den Bauern der Region betrieben. Anders als für Kleinbauern lohnt sich diese Wirtschaftsform mittlerweile. So werden auf der Nauschgel-Alp 100 000 Liter Milch in der Saison verarbeitet, aus denen zwölf Tonnen Käse und Butter entstehen. Jeder Alpkäse wird zertifiziert, bekommt eine Nummer und wandert dann zum Verkauf in die Dorfkäsereien und auf die Höfe.

Ein kostbares Früchtebrot

Mit dem Hubschrauber geht es weiter in den „Rheinwald". In dieser Region entspringt der zweite Quellfluss des Rheins, der Hinterrhein. Seinen Austritt aus den Bergen haben die Schweizer allerdings planiert und einen Schießplatz eingerichtet. Gleich daneben verschwindet die Straße im St. Bernardino-Tunnel Richtung Italien. Unten im Tal ist der Fluss kaum noch auszumachen. Die Autobahn beherrscht das Bild. Die erste Ansiedlung rheinabwärts ist das Dörfchen Hinterrhein mit seinen 80 Einwohnern. Diese sind fast alle Milchbauern, denn hier auf 1700 Metern wächst kaum noch etwas. Die Bergbauern arbeiteten früher oft als „Säumer", zogen mit ihren Produkten wie Käse, Butter und Tierhäuten nach Italien und brachten Korn, Mais, Reis und Nüsse mit. Entsprechend sieht die Speisekarte aus.

So gehört zur alten Tradition im Rheinwald das Backen von Birnbrot. Früher gab es dieses nahrhafte und kostbare Früchtebrot hauptsächlich im Winter.

Birnbrot

R E Z E P T

Zutaten für ein 1 kg-Brot

(Kleines Brot: 250 g mit 225 g „Masse" Backzeit: 45 Min. bei 220 Grad
Mittleres Brot: 500 g mit 425 g „Masse" Backzeit: 50 Min. bei 220 Grad
Großes Brot: 1 kg mit 850 g „Masse" Backzeit: 60 Min. bei 220 Grad)

Hefeteig:
500 g Halbweißmehl
1/2 EL Salz
20 g Hefe
50 g Butter
3 dl Wasser (evtl. mit Milch vermischt)

Mehl und Salz mischen. Hefe und Butter in der Milch auflösen und zum Mehl geben. Alles tüchtig durchkneten, danach gehen lassen.

Masse: Aus folgenden Beigaben eine „Masse" anrühren und gut durchkneten. Die Masse über Nacht ziehen lassen.

ca. 600 g Dörrbirnen „Gute Luise"
ca. 3 EL Sultaninen
ca. 100 g Feigen
ca. 1 EL Zitronat und Orangeat
ca. 150 g Baumnüsse
1 dl Trester
1 dl Rotwein
2 EL Birnbrotgewürz (aus: Kardamom, Zimt, Nelken und Sternanis)
3 EL Zucker

Zubereitung

Zwei Drittel des Teiges unter die Masse mischen und dann daraus ein Brot formen. Der Rest des Hefeteiges für den „Deckel" wird mit etwas Fett (Butter) angereichert und dann in Portionsgröße ausgerollt. Das Masse-Teig-Gemisch wird mit dem Deckel umwickelt. Danach das Brot mit Ei bestreichen und 5-10 Min. gehen lassen.
Im Ofen bei 220 Grad 1 Std. backen.

Rezept von Alfred Aebli, Hinterrhein

Rösti-Ravioli (Arviuls) mit Forellenfilet

REZEPT

Zutaten

Teig:

250 g Hartweizenmehl „Semolo"
250 g Weißmehl
10 g Salz
5 Eier (250 g)
15 g Distelöl

Die Zutaten zu einem Teig verarbeiten und über Nacht in Klarsichtfolie eingepackt im Kühlschrank ruhen lassen.

Füllung:

400 g geschälte und gekochte Kartoffeln
1 Schalotte
30 g Speck in Streifen
1 EL Bratbutter
Salz
1 EL Butter
10 Salbeiblätter
50 g Parmesan
2 Forellen von ca. 400 g

Zubereitung

Die Kartoffeln mit der Röstiraffel raffeln, alle Zutaten beigeben und schöne Gold-Gelb-Rösti daraus machen. Den Teig sehr dünn ausrollen, aus der Rösti Rundellen von ca. 5 cm Durchmesser ausstechen, auf den Teig legen, rundum mit Wasser anfeuchten und mit Teig wieder zudecken. Mit einer runden Form von ca. 8 cm ausstechen und ganz gut andrücken. Im Salzwaser kochen, herausnehmen und mit brauner Butter, Salbeiblättern und Parmesan belegen. Das Forellenfilet in der Bratbutter auf beiden Seiten gut anbraten und mit den Arviuls servieren.

Rezept von Hilda und Hans Veraguth

Die Via Mala

Man habe damals anderthalb bis zwei Kilo große Laibe Birnbrot mitgenommen, wenn das Heu gezogen wurde, erzählt uns Alfred Aebli. Der pensionierte Konditor und jahrelange Leiter der Poststelle versorgt in seiner kleinen Hinterrheiner Backstube Einheimische und Touristen mit traditionellen Bündner Produkten. Einmal in der Woche backt er sein berühmtes Birnbrot, das die Schwiegertochter auf der anderen Seite des Hauses im kleinen Lebensmittelladen verkauft.

Im Hinterrheintal steht die Wiege des Schweizer Tourismus: Splügen. Der Ort gilt als der schönste des Rheinwaldgebietes. Hier ist noch der alte Reichtum spürbar, den bis in die Mitte des 19. Jahrhunderts der Warenverkehr zwischen Mittel- und Südeuropa brachte. Etwa 400 bis 500 Lasttiere sollen pro Woche den Splügenpass passiert haben. Wir fangen Impressionen aus dem Ort ein: Walserhäuser am Rand, zur Ortsmitte alte Patrizierhäuser und im Zentrum das „Hotel Bodenhaus“. Dieses kann auf eine dreihundertjährige Geschichte zurückblicken. Das Gästebuch des Hotels zeigt Eintragungen wie die von Nietzsche, Queen Victoria, den Romanoffs, Bakunin, Napoleon III. Alles, was Rang und Namen hatte und seine Italien-Sehnsucht in der „Grand Tour“ ausleben wollte, tauchte hier auf.

Durch die Via Mala ins Domleschg

Wir fahren weiter flussabwärts. Bei Sufers wird das Wasser aufgestaut und zur Energiegewinnung genutzt. Durch die Rofflaschlucht stürzt der junge Rhein ins Schams, ein fruchtbares Hochtal. Danach braust er durch die wildromantische Via Mala. Der Furcht einflößende Felsensturz des „schlechten Weges“ hat viele Künstler inspiriert.

„Maluns"

REZEPT

Zutaten für 4-5 Personen

1 kg Kartoffeln (Lagerkartoffeln)
350 g Mehl
Salz
Pfeffer
150 g Butter

Zubereitung

Die Kartoffeln mindestens einen Tag vor dem Zubereiten des Maluns in Salzwasser sieden oder dämpfen (Pellkartoffeln), bis sie halbgar sind. Dann die Kartoffeln schälen und raffeln (Röstiraffel). Mehl dazugeben, würzen und von Hand einige Zeit mischen.

Die Hälfte der Butter in eine gut gleitende Röstipfanne geben und ebenfalls die Hälfte der Kartoffelmasse dazugeben. Alles mit einer Holzkelle beständig rühren, bis die Masse „krümelig" und goldgelb ist. Die andere Hälfte ebenfalls so zubereiten. Am Schluss den Maluns noch mit etwas Butter verfeinern.

Dazu serviert man Apfelmus, Apfel- oder Heidelbeerkompott, Alp- oder Bergkäse. Als Getränk empfiehlt sich Milchkaffee.

Rezept von Toni Darms, der seit dem Sommer 2002 das Restaurant „Stiva Veglia" in Schnaus betreibt.

Das Domleschg

Danach folgt wieder ein Kraftwerk und dann durchzieht das kanalisierte Restwasser das Domleschg, ein fruchtbares, dem milden Föhn geöffnetes Hochtal. Bis in die 50er-Jahre versorgte man die höher gelegenen Täler mit Obst und Gemüse, exportierte ins Unterland, ja sogar bis nach Deutschland. Doch bei der heutigen internationalen Früchteversorgung hat das „Bündner Obst“ wirtschaftlich keine Bedeutung mehr. Streuobstwiesen dienen eher landschaftpflegerischen Maßnahmen. Apfelmost und Süßspeisen aus Äpfeln und Nüssen finden sich allerdings immer noch auf dem häuslichen Speiseplan.

Für uns besteht die Attraktion in den zahlreichen Burgruinen und Schlössern. Und auch von oben lässt sich manch schöne Aussicht genießen, wie beim Blick vom Schloss Ortenstein ins Tal. Das Domleschg gilt als das Gebiet mit der europaweit höchsten Konzentration an Schlössern und Burgen.

„Drei-Mützen-Niveau“ und Tiefkühlkost

Wir kehren nochmals an den Vorderrhein zurück und besuchen Ilanz, die erste Stadt am Rhein, wie sich das Regionalzentrum stolz nennt. Unser Hauptinteresse gilt dem Hotel Rätia. Unweit des Bahnhofs direkt am Vorderrhein hat man sich auf Bündner Gerichte spezialisiert. Chef Toni Darms versucht, mit regionalen Produkten gegen die globalisierte Schnitzel-Küche „anzukochen“. Für uns bereitet er Maluns.

Oberhalb von Ilanz liegt das Dorf Sagogn. Im „Restaurant Da Veraguth“ hebt Hilda Veraguth die Arme-Leute-Küche ihrer Vorfahren auf Drei-Mützen-Niveau. Hinter ihren „Arviuls“ verbergen sich hauchdünne Ravioli, die mit gebratenen Kartoffelraspeln (Rösti) gefüllt werden – eine Spezialität der ehemaligen Hüttenwirtin.

Gleich hinter Ilanz folgt der Flimser Bergsturz. Vor rund 14 000 Jahren stürzten hier Gesteinsmassen ins Tal, versperrten dem Vorderrhein den Weg. Seitdem gräbt er sich unermüdlich durch die Schlucht. Das zerklüftete Gebirge und die reißenden Stromschnellen fügen sich zu einem imposanten Bild. Hinter der Schlucht kommt der Zusammenschluss der beiden Quellgewässer zum Alpenrhein. Hier befand sich im Mittelalter die einzige Brücke über den Rhein bis hinunter zum Bodensee. Ein Zollhaus stand hier. Später kam das Schloss Reichenau dazu.

Rheinabwärts zieht die Autobahn entlang des Flusses. Kanalisiert tritt er kaum noch über die Ufer. Links und rechts der Autobahn stehen die „Herbergen" der Neuzeit: Rasthöfe und Gasthöfe mit Fast-Food-Angeboten. Wir kommen an Chur, der ältesten Stadt der Schweiz, vorbei. Im Tal sieht man Industrie. Am rechten Ufer machen wir die ersten Weinreben am Rhein aus. Schon in der spätrömischen Zeit soll hier Wein angebaut worden sein. Wegen der Nord-Süd-Ausrichtung des Tales kann sich der Föhn hier voll entfalten und die auf 600 Meter gelegenen Rebflächen erwärmen.

Im Industriegebiet von Bad Ragaz besuchen wir die Großküche von „La Culina". Seit zehn Jahren werden hier Capuns produziert, die über eine Tiefkühlprodukte-Kette vertrieben werden. Damit liegt man ganz im Trend, der lautet: Besinnung auf die „Großmutter-Küche". Doch die Fertigung hat nichts mehr mit dieser Idylle zu tun: Rund 20 Frauen rollen die Capuns mit geschickten Fingern. Zu Hunderten wandert die Spezialität auf Blechen in die Kühlräume.

Dieser Beitrag beruht auf der Grundlage des Films von Reinhild Dettmer-Finke.

Blick über das Rheintal nach dem Zusammenschluss

Adressen

Ustria dalla Staziun
Ludovina Candinas
CH-7175 Sumvitg
Tel.: 0041-81-9431922

Restaurant Da Veraguth
Hans & Hilda Veraguth
Carnetg
CH-7152 Sagogn
Tel: 0041-81-9216464
Fax: 0041-81-9213698
E-Mail: hildaveraguth@bluewin.ch

Fleischtrocknerei:
Anselm Sialm
CH-7186 Segnas-Disentis
Tel.: 0041-81-9475434
E-Mail: info@sialm.ch
www.sialm.ch

Hotel Rätia
Via Centrala 5
CH-7130 Ilanz
Tel.: 0041-81-9252393
Fax: 0041-81-9253293

Restaurant Stiva Veglia
Familie Darms-Hutter
CH-7130 Schnaus
Tel.: 0041-81-9254121
Fax: 0041-81-9254133

Birnbrot:
Alfred Aebli
CH-7438 Hinterrhein
Tel.: 0041-81-6641195

La Culina GmbH
Toni Meli-Cabalzar
Chriesilöserstr. 65
CH-7310 Bad Ragaz
Tel.: 0041-81-3021116
Fax: 0041-81-3027174
E-Mail: culina@spin.ch
www.culina.ch

Werner Schmidt
Designer der Picknickkiste
Atelier areal fabrica
CH-7166 Trun
Tel.: 0041-81-9432528

Posthotel Bodenhaus
Familie Löschl
CH-7435 Splügen
Tel.: 0041-81-6509090
Fax: 0041-81-6509099

Das Vorarlberger Land

Das Vorarlberger Rheintal ist eines der dichtest besiedelten Gebiete Österreichs. Hier fließt der Rhein in einem bis zu zehn Kilometer breiten Tal nordwärts und mündet schließlich bei Bregenz in den Bodensee. Typisch für die Architektur der Dörfer sind die „Wälder Häuser“ mit ihren Holzschindeln.

Wir passieren die österreichische Grenze nahe bei Feldkirch. Schon in der Bronzezeit war das heutige Stadtgebiet besiedelt und die Römer errichteten hier eine Siedlung namens Clunia. Seine erste Blütezeit erlebte Feldkirch im 13. Jahrhundert, nachdem Hugo von Montfort, Graf von Bregenz und Rätien, seine Residenz hierher verlegt hatte. Sitz der Grafen von Montfort war die „Schattenburg”, die hoch über der Stadt thront.

Unsere erste kulinarische „Lektion“ erhalten wir bei Heinz Otto Fulterer vom Feldkircher Gasthof Schäfle. Er gibt uns einen Überblick über die Weinpalette: „An Sorten haben wir Chardonnay, Riesling – Sylvaner, Blauburgunder und Zweigelt. Andere Sorten eignen sich weniger bei unseren klimatischen Verhältnissen.“ Trotzdem: Der Wein aus dem Vorarlberger Rheintal kann sich durchaus sehen – oder besser: schmecken – lassen.

Auf den Käse kommt es an

Allerdings: Wenn man nach Spezialitäten der Region sucht, wird man vor allem bei der großen Vielfalt an Käsesorten fündig. Käse ist auch die wichtigste Zutat des Vorarlberger Nationalgerichtes schlechthin: „Käsknöpfle“ oder „Kässpätzle“. In der Regel wird für die Kässpätzle Bergkäse verwendet, der durch andere Sorten ergänzt werden kann.

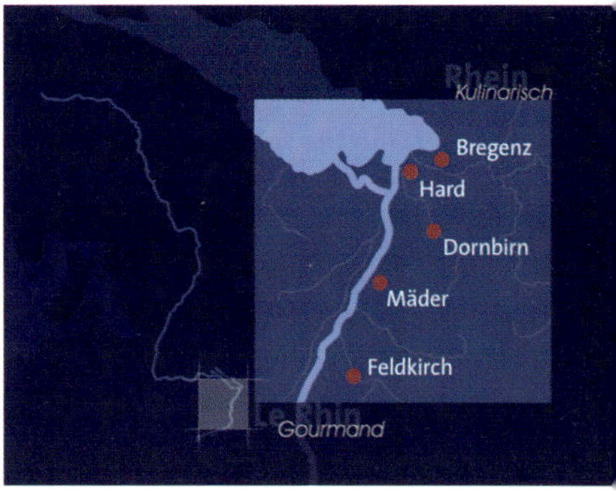

Gerade bei einfachen Gerichten hängt viel von der Qualität der Zutaten ab. Was das Rheintal in dieser Frage zu bieten hat, lassen wir uns von Fredi Binder erklären, der in Bregenz das „Käsläde-

Feldkirch mit der Schattenburg

le" führt. Er „schwört" auf die Käserei „Lutzenreutte" mit ihrem erstklassigen Senner – und auf einen „Käseaffineur" in Sulz. Seine Expertenmeinung: „Wenn man Vorarlberger Käse sagt, müsste man auch 'Bachensteiner' sagen, das ist ein wunderbarer Käse mit Rotkultur, würzig, kräftig – für mich ein Käse in Vollendung."

Eine weitere Spezialität ist der Sauerkäse – im Dialekt „Surer Käs". Dieser Käse ist sehr würzig, scharf, rassig. Er reift von außen nach innen. Ebenfalls empfehlenswert: der Vorarlberger „Räßkäse". „Räß" steht in der Mundart für „sehr würzig". Räßkäse ist aber nichts anderes als ein wunderschöner Tilsiter, den man in Holzfässern lagert, in denen sich eine Lake mit Apfelmost und verschiedenen Kräutern befindet. Den weicheren Räßkäse isst man aufs Brot, den alten, harten Räßkäse nimmt man dagegen gerne für die Käsknöpfle.

Von der Sanges- zur hohen Kochkunst

Wir kehren in eines der schönsten Restaurants des Vorarlberger Rheintals ein, in das „Alte Gericht" in Sulz. Dieses war früher wirklich ein Gerichtsgebäude. Heute hat man diesen Umstand in ein Wortspiel gekleidet. Jetzt werden keine Gerichtsurteile mehr verkündet, sondern wunderbare Gerichte serviert.

Im Lokal wartet auf uns George Nussbaumer. Der Musiker und Sohn des „Ländles" hat es schon auf die Bühne der Eurovisionswettbewerbe gebracht. Er ist heute unser ortskundiger Begleiter. Bei einer Pfifferlingsterrine mit Wildhasenfilet erzählt er: „Ich liebe es wirklich in gutem Ambiente zu essen. Und warum die Rheintaler Gastronomie einen so guten Ruf genießt, liegt meiner Meinung nach daran, dass in den Vorarlberger Küchen auch die private Kochkunst ein sehr hohes Niveau hat. Und wenn

„Luschnoûar Grompierôsûppô" (Lustenauer Erdäpfelsuppe)

REZEPT

Zutaten für 4 Personen

1 kg Erdäpfel
1 Zwiebel
3 Knoblauchzehen
1 EL Butter
Petersile
Liebstöckel
Majoran
1 l Wasser
2 EL Sauerrahm
1 TL glattes Mehl
Salz
Muskatnuss
10 dag Bauchspeck
Schnittlauch

Zubereitung

Die Erdäpfel schälen und in kleine Würfel schneiden. Zwiebel und Knoblauch hacken, in der Butter anschwitzen und mit Wasser aufgießen. Die fein gehackten Kräuter dazugeben und die Erdäpfel weich kochen.

Dann die Hälfte der gekochten Erdäpfel und den Kochsud mit dem Stabmixer pürieren. Den Sauerrahm mit dem Mehl gut versprudeln und in die Suppe einrühren. Die zweite Hälfte der gekochten Erdäpfel wieder in die Suppe geben, mit Salz und Muskatnuss würzen.

Den Speck klein schneiden und anbraten.

Die „Grompierôsûppô" mit ausgelassenem Speck und Schnittlauch bestreut servieren.

Rezept von Wilma Fink, Gasthof „Zum Krönele"

Renaissance-Palast in Hohenems

der sparsame Vorarlberger beschließt, in ein Restaurant essen zu gehen, dann erwartet er, dass das Niveau natürlich übertroffen wird."

Mit Nussbaumer unternehmen wir anschließend einen Ausflug an den Rhein, der hier jahrhundertelang mit seinen Hochwässern die Ansiedlungen im Tal bedrohte. Reguliert wurde er schließlich in den Jahren 1900 und 1923. Heute sind nur noch wenige Altrheinarme vorhanden, wie beispielsweise in Hohenems. Hier steht auch ein prächtiger Renaissance-Palast der Herren von Ems, in dessen Hof und Rittersaal alljährlich die Schubertiade stattfindet. In der Bibliothek des Schlosses wurden vor fast 250 Jahren zwei der drei erhaltenen Handschriften des Nibelungenliedes entdeckt.

Saftiges Obst – frisch vom Baum und aus der Flasche

Zu den kulinarischen Spezialitäten des Rheintals gehören auch Edelbrände. In Fraxern, einem kleinen Bergdorf hoch über dem Tal, gedeihen seit Jahrhunderten besonders gute Kirschen. Das „Griasiwasser", also der Kirschbrand aus Fraxern, ist eine gesuchte Rarität. Gebrannt wird aber auch unten im Tal. In Höchst nahe der Mündung des Rheins in den Bodensee liegen die Obstplantagen der Familie Blum. Hier reift Tafelobst, aber auch jene Sorten, die sich besonders zur Erzeugung von Säften und Bränden eignen. Eine der ältesten Birnensorten ist die „Subirer", die „Saure Birne".

In einer modernen Destillerie können wir das Entstehen des Edelbrandes verfolgen, von Computern perfekt gesteuert. Trotzdem: Sowohl bei der Auswahl und Verarbeitung der Früchte wie der späteren Verkostung – die entscheidende Rolle spielt immer noch die eigene Erfahrung. Und so wird die saure Birne ganz süß, wenn sie in die Hände von Gebhard Gödl im Restaurant „Torggel" in Röthis kommt. Er zeigt uns eine andere Verarbei-

Pochierte Bodenseetrüsche mit Zitronenbutter

REZEPT

Zutaten für 2 Personen

1 Zwiebel
1/2 Stangensellerie
1 Karotte
4 EL Öl
1/4 l trockener Weißwein
3/4 l Wasser
3 Lorbeerblätter
1 Prise Zucker
Pfefferkörner
2 Trüschen (Aalruten) zu je 25 dag
Salz
3 EL Butter
Schale einer unbehandelten Zitrone

Zubereitung

Die Zwiebel grob hacken, den Stangensellerie und die Karotte schälen und in Streifen schneiden. Das Gemüse in Öl anschwitzen ohne Farbe nehmen zu lassen. Mit Weißwein ablöschen und mit dem Wasser auffüllen. Nun die Gewürze dazugeben und alles etwa 10 Min. köcheln lassen.

Die ausgenommenen Trüschen salzen und in den Sud legen, zugedeckt 10-12 Min. ziehen lassen.

Die Butter erhitzen, bis sie nussbraune Farbe annimmt, und die geriebene Schale einer unbehandelten Zitrone einrühren.

Die Trüschen mit der Zitronenbutter, Petersilerdäpfeln und grünem Salat servieren.

Rezept von Rudolf Leitner, „Fischerheim am Schleienloch"

Blick vom Karren auf das Unterland

tungsmöglichkeit und bereitet für uns „Halbgefrorenes von der Williamsbirne mit Rote-Rüben-Schaum" zu.

Zwischen Lustenau und Dornbirn, inmitten fruchtbaren Ackerlandes, steht der Bauernhof der Familie Vetter. „Bio" ist hier schon lange nicht mehr Utopie, sondern gelebte Wirtschaft. Vor allem Gemüse, Käse, Fleisch und Milch werden ab Hof verkauft. Annemarie Vetter ist von der Qualität überzeugt: „Die Karotten sind süß, knackig, es ist einfach der Boden hier im Rheintal, der's ausmacht." Solche Produkte lassen sich regional am besten an die Kundschaft bringen. Auf einem Bauernhof nahe Dornbirn wird regelmäßig ein Bauernmarkt abgehalten. „Buramarkt", wie das alemannisch heißt. Bauern aus ganz Vorarlberg bieten hier ihre Produkte feil: von Fleisch über Käse und Schnaps bis zum Lammfell.

Das Rheintal war mit Ausnahme der größeren, wohlhabenden Städte stets eine arme, von der Landwirtschaft geprägte Region. Erst mit der Industrialisierung hielt ein bescheidener Wohlstand auch bei Arbeitern und Bauern Einzug. In der Küche standen aber selbst dann meist nur einfache, billige Lebensmittel zur Verfügung. Dass man auch damit köstliche Speisen auf den Tisch bringen kann, beweist der Gasthof „Krönele" in Lustenau, wo hervorragende Hausmannskost serviert wird. Zum Beispiel eine Erdäpfelsuppe, wie sie uns Wilma Fink zubereitet. Ein anderes typisches Gericht ist der Riebel, eine Teigmasse, ausgebraten zu krossen Streuseln.

Unser nächstes Ziel betrachten wir uns erst einmal von oben. Mit der Gondelbahn geht es auf den „Karren". Vom Dornbirner Hausberg haben wir den wohl schönsten Blick auf das so genannte „Unterland" – das Rheintal von Hohenems bis zum Bodensee. Unten in Dornbirn begegnen

Halbgefrorenes von Birnen mit Rote-Rüben-Schaum

REZEPT

Zutaten für 4 Personen

1 kg reife Birnen
1/8 l Riesling
1/8 l stilles Mineralwasser
1/2 Vanilleschote
1/2 Zimtstange
2 Gewürznelken
1 Ei
4 Dotter
6 dag Kristallzucker
1/4 l Schlagobers
8 cl Birnengeist
Saft einer Zitrone

Schaum:
1 Ei
1 Dotter
4 dag Kristallzucker
Saft 1/2 Zitrone
1/8 l Saft von Roten Rüben
1/8 l (Riesling-)Sekt
Muskatnuss
roter Pfeffer

Zubereitung

Die Birnen schälen, halbieren und entkernen.
Wein, Wasser und Gewürze aufkochen und die Birnenhälften darin gar ziehen lassen.
4 Birnenhälften herausnehmen, die übrigen weich kochen und mit der Flüssigkeit (ohne Gewürze) im Mixer pürieren. Die Masse durch ein Sieb streichen und einkochen, bis sie dickflüssig ist.
Ei, Dotter und Zucker über einem Wasserbad schaumig schlagen (bis über 70 Grad erhitzen), beiseite stellen und kalt schlagen.
Das Obers aufschlagen, mit der Birnenmasse und dem Birnengeist gut verrühren, in eine Kastenform füllen und mindestens 6 Std. frieren.
Alle Zutaten für den Schaum in einem Kessel über dem Wasserbad (s.o.) schaumig aufschlagen.
Den Schaum auf 4 Teller verteilen, das Halbgefrorene in Scheiben schneiden, auf den Schaum setzen und mit je einer Birnenhälfte garnieren.

Rezept von Gebhard Gödl, Restaurant „Torggel"

Blick vom Pfänder auf den Bodensee

einander Gegenwart und Vergangenheit oft in beeindruckender Weise. Das moderne Designer-Hotel Martinspark mit seiner strengen Architektur mag hier genauso als Wahrzeichen dienen, wie das „Rote Haus" im Zentrum der Stadt, das den traditionellen Typ des Rheintaler Hauses repräsentiert.

Obwohl das Ende unserer Etappe naht, machen wir noch einen Abstecher in südöstliche Richtung. Von Dornbirn aus ist ein Naturdenkmal von beeindruckender Schönheit bequem zu erreichen: die Rappenlochschlucht. Die Schlucht selbst muss man sich natürlich erwandern, denn das Wasser, das früher auch als Energieträger genutzt wurde, hat sich hier seinen Weg gleichsam durchs Gestein gefräst.

Opern und andere Genüsse

Und dann liegt er vor uns: der Bodensee. Unser Ziel ist das „Fischerheim am Schleienloch" in Hard. Es ist so etwas wie ein Geheimtipp und bietet ausgezeichnete Fischgerichte. Außerdem kann man an schönen Sommertagen im Garten des Gasthauses genussvolle Stunden verbringen. Für uns bereitet Rudolf Leitner eine besondere Spezialität zu: eine pochierte Bodenseetrüsche mit Zitronenbutter – fangfrisch.

Von Hard führt uns der Weg entlang der Bregenzer Bucht in die Landeshauptstadt Bregenz. Am Ufer des Bodensees steht die größte Seebühne der Welt mit Platz für knapp 7000 Zuschauer. Jeden Sommer werden große Operninszenierungen geboten.

Das Wahrzeichen von Bregenz ist aber der Martinsturm, der von der ältesten und größten Barockkuppel im Bodenseeraum gekrönt wird. Hier, in der Oberstadt, gab es bereits in der Antike Befestigungsanlagen. Im Mittelalter breitete sich die Stadt dann zum See hin aus. Am heutigen Stadtbild von Bregenz haben alle historischen Epochen vom Mittelalter bis zur Gegenwart ihre Spuren hinterlassen. Die zeitgenössische Architektur ist etwa mit dem Kunsthaus Bregenz in vorbildlicher Weise repräsentiert. Von der Seepromenade führt uns der Weg hinauf in die Altstadt, zum „Deuring-Schlössle", wo einer der besten Köche des Landes gleichsam residiert: Heino Huber.

Das „Deuring-Schlössle" ist nach Albert Deuring benannt, der die Finanzen für die Grafen von Montfort regelte. Er ließ das Gemäuer zwischen 1660 und 1690 errichten. Baumeister waren die berühmten Gebrüder Kuen, die auch die Klosteranlage von Einsiedeln in der Schweiz errichteten. Die Hubers betreiben seit 1989 im „Deuring-Schlössle" ein Hotel und ein Restaurant. Neben den reizvollen Räumlichkeiten ist es aber vor allem die Küche, die das Haus so attraktiv macht. Wir dürfen uns bei gebratenem Lammrücken mit Thymianfond und Kräuterriebel von der hohen Kunst überzeugen.

Den Abschluss unserer kulinarischen Reise durch das Vorarlberger Rheintal bildet eine Fahrt mit dem Raddampfer „Hohentwiel", der – originalgetreu rekonstruiert – aus der vorletzten Jahrhundertwende stammt. Während der Festspielzeit kann man mit diesem Schiff oder dem MS „Graf Zeppelin" von Bregenz, Friedrichshafen, Konstanz, Meersburg und Überlingen aus eine Bodenseefahrt mit einem 3-Gänge-Menü antreten. Rechtzeitig vor Beginn der Aufführung legen die Schiffe an der Seebühne an.

Dieser Beitrag beruht auf der Grundlage des Films von Traudl Wolfschwenger.

Adressen

Heinz Otto Fulterer
Landgasthof Schäfle
Naflastr. 3
Altenstadt
A-6800 Feldkirch
Tel.: 0043-5522-72203-0

Fredi Binder
Käslädele
Deuringstr. 9
A-6900 Bregenz
Tel.: 0043-5574-43916

Hannes Keckeis
Restaurant Torggel
Torkelweg 1
A-6832 Röthis
Tel.: 0043-5522-44052

Wilma Fink
Gasthof Krönele
Reichsstraße 12
A-6890 Lustenau
Tel.: 0043-5577-82118-0

Rudolf Leitner
Gasthof Fischerheim am Schleienloch
A-6971 Hard
Tel.: 0043-5574-78220

Heino Huber
Restaurant Deuring-Schlössle
Ehregutaplatz 4
A-6900 Bregenz
Tel.: 0043-5574-47800-0

Restaurant Altes Gericht
Taverneweg 1
A-6832 Sulz
Tel.: 0043-5522-43111

Vom Bodensee zum Rheinfall

Es ist einer der letzten warmen Tage und so hat die Oktobersonne noch einmal die Konstanzer an die Uferpromenade gelockt. Der Herbst ist mit seinen intensiven Stimmungen eine der schönsten Jahreszeiten am Bodensee. Vor Konstanz sammelt sich der Rhein in einer weiten Bucht, dem „Konstanzer Trichter", um dann als „Seerhein" dem Untersee entgegenzufließen. Doch das richtige Gefühl für den Fluss erhält man natürlich erst auf dem Wasser. Daher besteigen wir ein Schiff Richtung Schaffhausen, um von Fischen, Fischern und Köchen berichten zu können.

Der Lockentenmacher von Ermatingen

Gegenüber der Reichenau liegt auf der Schweizer Seite des Bodensees das malerische Dörfchen Ermatingen. In einer kleinen Seitenstraße entdecken wir ein einfaches Haus mit angebautem Schuppen. Es ist die Werkstatt des Lockentenmachers Emil Bügler. Früher wurden seine hölzernen Enten zur Wasservogeljagd benutzt. Heute ist diese verboten. Die Lockenten sind dagegen begehrte Sammlerobjekte.

Ermatingen galt einst als echtes Fischerdorf. Großabnehmer waren die umliegenden Klöster, die an den vielen Fastentagen ihren Speiseplan mit Fisch und Ente aufzuwerten wussten. Später lieferten die Fischer Felchen sogar bis nach Italien und Frankreich. Aber nicht nur der See, sondern auch das fruchtbare Umland sorgte für den Lebensunterhalt der Menschen. Für Mary Sauter und ihren Mann ist dies so geblieben. Im Garten wachsen Kürbis, Kohl und Fenchel. Man geht fischen und Pilze sammeln. Und selbst Speck und Sauerkraut kommen aus eigener Herstellung.

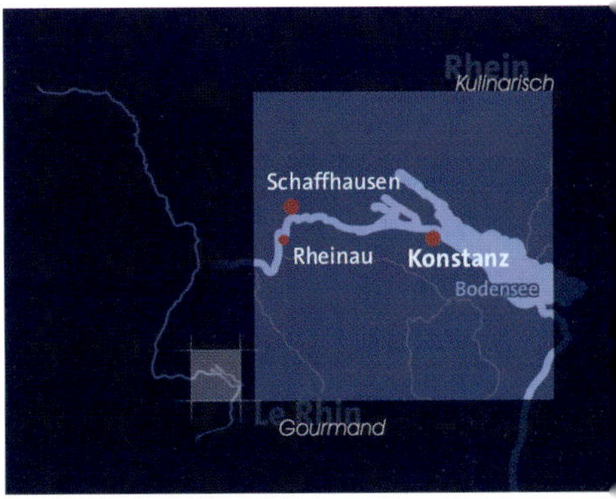

Die Sauters leben hauptsächlich vom Weinbau und besitzen in Ermatingen mit dem „Kehlhof" eines der schönsten Riegelhäuser am Schweizer Seeufer. Das birgt ein ganz besonderes Juwel. Fragt man freundlich an, zeigt die Bäuerin einem die noch sehr gut er-

Der Kehlhof mit der „Reichenauer Gerichtsstub'"

haltene „Reichenauer Gerichtsstub'". Im Namen des Klosters haben hier tatsächlich Gerichtsherren Recht gesprochen. Eindrucksvolle Wandmalereien mit biblischen Szenen sollten die Richter mahnen, gerecht zu entscheiden und sich nicht von den Menschen blenden zu lassen.

Heute kann man in diesen Räumlichkeiten von dem süffigen Riesling-Silvaner probieren. Bei unserem Besuch versammeln sich gerade Mitglieder der „IG Untersee" zu einem Arbeitstreffen. Diesem Zusammenschluss von Touristikern, Umwelt- und Naturschützern, Gastronomen und Ökobauern geht es um die Wahrung des kulturellen Erbes, den Schutz der Unterseelandschaft sowie um das kulinarische Angebot in der Region. So initiiert man zum Beispiel die „Unterseegenüsse" als Projekt, die Speisekarte als kulinarisches Spiegelbild einer gewachsenen Kulturlandschaft zu verstehen. Je nach Saison gibt es fangfrischen Fisch aus dem Bodensee, Fleisch, Obst und Gemüse von den Höfen der Biobauern.

Die Tomatenfischer auf der Reichenau

Nahe dem Naturschutzgebiet Wollmatinger Ried liegt die Insel Reichenau. Aus der Vogelschau sind die vielen Gewächshäuser und Gemüsefelder zu erkennen. Aber auch interessante Sakralbauten wie das Münster St. Maria und St. Markus oder die Stiftskirche St. Georg lassen sich entdecken. Dieses Nebeneinander von mittelalterlichen Kirchen sowie dem intensiven Gemüseanbau ist typisch für die Insel, die im Jahr 2000 von der UNESCO zum Weltkulturerbe erklärt wurde. Typisch sind auch die „Tomatenfischer". So bezeichnet man Fischer, die im Nebenerwerb noch als Gemüsebauern arbeiten.

Die Gebrüder Neidhart in Moos

Vor allem als hervorragende Fischköche in ihren Restaurants „Gottfried" und „Grüner Baum" haben sich Klaus und Hubert Neidhart einen Namen gemacht. Aber auch ihre ausgefallenen Desserts übertreffen alle Erwartungen. Die Brüder aus Moos auf der Halbinsel Höri engagieren sich schon lange bei den „Unterseegenüssen". Sie sind Vertreter einer Küche mit hochwertigen, regional erzeugten (Bio-)Produkten und kennen sich ausgezeichnet mit allem aus, was die Bodenseefischerei ausmacht.

Wir treffen Hubert Neidhart aber nicht in der Küche, sondern im Klassenzimmer einer Grundschule an. In unserer Zeit, in der mehr als 25.000 künstliche Aromen und Geschmacksverstärker in Fertiggerichten enthalten sind, die Bundesbürger jährlich 15 Millionen Tonnen künstlicher Nahrungsmittel vertilgen und Hektik und Stress die Essgewohnheiten verändert haben, leistet Hubert Neidhart Aufklärungsarbeit. Er ist Mitglied von EUROTOQUES, einer Vereinigung von mehr als 3.000 Küchenchefs, die sich als „Missionare des guten Geschmacks" verstehen. Mit seinem Geschmacksunterricht in der Schule weckt er schon bei den Kindern den Sinn für Esskultur und frische Küche.

Zurück in Moos beginnen die Vorbereitungen für ein großes Fischessen. Auf ihrem Solarboot unternehmen Klaus und Hubert Neidhart zusammen mit ihren Gästen gerne Ausflüge auf den See. Heute steht eine kulinarische Fahrt der besonderen Art auf dem Programm. Daher hat man die Solarfähre gechartert, die Gaienhofen und Steckborn verbindet. Während das Boot nahezu lautlos

Das Münster St. Maria und St. Markus auf der Reichenau

Sülze von Süßwasserfischen mit Krebsschwänzen

REZEPT

Zutaten für 4 Personen

Fischconsommé (am Tag vorher zubereiten!):
400 g Welskarkasse
150 g Suppengenmüse (Lauch, Möhren, Sellerie, Petersilienstängel)
Salz

Sülze:
6 Blatt weiße Gelatine
50 ml trockener Weißwein
20 ml Noilly Prat
30 g Möhren
20 g Lauch
20 g Schalotten
20 ml Weinessig
1 Stängel Estragon
100 g Lachsforellenfilet
100 g Zanderfilet
100 g Welsfilet
Salz
weißer Pfeffer
16 Krebsschwänze

Rezept von Klaus Neidhart, Restaurant „Gottfried"

Zubereitung

Am Tag zuvor für die Fischconsommé die Welskarkasse und das gewaschene und geputzte Suppengemüse in ca. 1 l Wasser aufsetzen und zum Kochen bringen. Während die Brühe kocht, mehrmals mit einer Schaumkelle abschöpfen, damit sie klar bleibt. Nach ca. 20 Min. den Sud durch ein Passiertuch gießen, salzen und abkühlen lassen.

Für die Sülze die Gelatine in kaltem Wasser einweichen. Weißwein und Noilly Prat in einer Kasserolle aufkochen und 2 bis 3 Min. kochen lassen, damit der Alkohol verdampft. Vom Herd nehmen, die ausgedrückte Gelatine darin auflösen, 1/2 l Fischconsommé dazugießen, umrühren und alles durch ein Sieb gießen. Kühl stellen, bis die Sülze fast fest ist.

Währenddessen die Möhren und den Lauch waschen, putzen und in feine Würfel bzw. Ringe schneiden. Die Schalotten abziehen und ebenfalls würfeln. Das Gemüse in 150 ml Wasser mit Essig und dem Estragon in einem kleinen Topf aufkochen. Bei mäßiger Hitze die Flüssigkeit völlig einkochen lassen; das Gemüse muss ganz weich sein. Den Estragon entfernen.

Die Fischfilets in 2 cm große Würfel schneiden und diese in siedendem Salzwasser in ca. 2 Min. garen. Auf einem Tuch abtropfen lassen und mit Salz und Pfeffer vorsichtig würzen.

Die Krebsschwänze ca. 4 Min. kochen, ausbrechen und die Därme entfernen. Fischfilets und Krebsschwänze zugedeckt kühl stellen. Eine Terrinenform von 1/2 l Inhalt mit 3 bis 4 Esslöffeln aus der zubereiteten Gelatine chemisieren und ca. 15 Min. im Kühlschrank kalt stellen.

Das gekochte Gemüse unter die noch nicht ganz erstarrte restliche Gelatine rühren, mit Salz und Pfeffer abschmecken. Die Terrinenform aus dem Kühlschrank nehmen, mit Fischfilets und Krebsschwänzen auslegen, dazwischen immer wieder Gemüseaspik auffüllen und zwischendurch anziehen lassen. Die gefüllte Form in den Kühlschrank stellen und die Sülze in ca. 8 Stunden fest werden lassen.

Tipp: Eine Form „chemisieren" nennt man das Auskleiden der Innenwände mit einer Geleeschicht, damit sich der Inhalt optimal der Formwand anpasst. Die zuvor gut gekühlte Form wird dazu mit Gelee, das kurz vor dem Erstarren ist, ausgegossen. Die Form bis zur gewünschten Höhe in Eiswasser stellen und – sobald sich an der Formwand eine feste Geleeschicht gebildet hat – den noch flüssigen Rest wieder ausschütten. Zurück bleibt ein gleichmäßig starker Geleemantel.

Fassadenmalerei am Rathausplatz in Stein am Rhein

über das Wasser gleitet, werden Fischspezialitäten geboten: Variationen von Bodenseefischen mit Hechtgelatine, Fischcarpaccio und Felchenkaviar sowie eine delikate Bodenseefischsuppe. Vom Grill kommen Felchen und Aal in Salbeiblättern sowie ein großer Hecht mit Herbstgemüse. See, Landschaft und die kulinarischen Genüsse – wenn das kein Fest für die Sinne ist!

Stein am Rhein und die Äsche

Am Ufer von Stein am Rhein liegt das ehemalige Benediktinerkloster Sankt Georg. Von der ursprünglichen Klosteranlage ist zwar nichts mehr vorhanden, aber die romanische Basilika aus dem 11. Jahrhundert sowie der später entstandene Kreuzgang und die Konventsgebäude sind sehenswert. Unser „Kamera-Blick“ schweift über die Rheinterrasse. Am Rathausplatz fangen wir Bilder von prächtig bemalten Fassaden und stolzen Bürgerhäusern ein, die meist im Hinterhof Stallungen, Tenne, Wagenremise und einfache Gesindekammern haben. Städtische Lebensweise und Landwirtschaft – eine für Stein typische Kombination.

Eines dieser Bürgerhäuser ist das Herrenhaus „Zum Lindwurm“. Hier wurde ein lebendiges Museum zur Wohnkultur und Landwirtschaft im 19. Jahrhundert eingerichtet. Alles ist liebevoll bis ins kleinste Detail rekonstruiert, der feine Salon genauso wie Gesindekammer und Küche. Alle Ausstellungsstücke sind funktionstüchtig geblieben.

Für uns wird das Museum zum Ort, um der Esskultur vergangener Zeiten nachzuspüren. Der Spitzenkoch Philippe Combe, der ansonsten das Restaurant „Zur Sonne“ betreibt, bereitet ein Äsche-Gericht im Stile des 19. Jahrhunderts zu. Besonderes wegen ihres natürlichen Thymiangeschmacks

Räucheraal-Hecht-Terrine mit Gurkensalat

REZEPT

Zutaten für 4 Personen

2 Blatt Gelatine; 120 ml Weißwein; 220 g Hecht; Salz; Pfeffer aus der Mühle; 150 g geschlagene Sahne; 6 große Blätter Lauch; 200 g filetierter Räucheraal; rosa Pfeffer aus der Mühle; 1 Salatgurke; 1 Bund Dill; 100 g Sahne; 1 Spritzer Essig; weißer Pfeffer; 4 Borretschblüten

Zubereitung

Für die Fischmousse Gelatine in ein wenig kaltem Wasser einweichen. Den Weißwein erhitzen. Die Gelatine ausdrücken und im Weißwein auflösen; abkühlen lassen. Den Hecht in Stücke schneiden und mit der Weißweinsauce (sie sollte gerade noch flüssig sein) in den Mixer geben. Damit die Masse schön locker wird, kann dies in 2 oder 5 Portionen nacheinander geschehen; alles mit Salz und Pfeffer würzen.

Die Masse durch ein Sieb streichen und zuerst etwa 1/3 der geschlagenen Sahne unterziehen, kühlen lassen und dann die restliche Sahne unterheben. Die Fischmousse ca. 30 Min. kühl stellen.

In der Zwischenzeit eine Terrinenform mit Frischhaltefolie auslegen. Die Lauchblätter waschen, trockenschütteln und die Form mit den Blättern auskleiden. Als zweite Schicht die fertig gekühlte Fischmousse gleichmäßig darüber streichen, als dritte Schicht den Räucheraal darauf legen und mit etwas zerstoßenem Pfeffer bestreuen. Die Terrine im Wasserbad etwa 25 Min. garen.

Für den Gurkensalat die Gurke waschen, in feine Scheiben hobeln, mit etwas Salz bestreuen und etwa 10 Min. ziehen lassen. Den Dill abbrausen, trockenschütteln, von den Stielen zupfen und fein wiegen. Das Gurkenwasser abschütten. Die Gurkenscheiben in einer Schüssel zusammen mit Sahne, Essig, Dill und Pfeffer anrühren.

Die Fischterrine vorsichtig aus der Form nehmen, in gleichmäßige Scheiben schneiden und mit dem Gurkensalat auf Tellern anrichten. Abschließend mit je 1 Borretschblüte garnieren.

Rezept von Klaus Neidhart, Restaurant „Gottfried"

Der Rheinfall bei Schaffhausen

gilt die Äsche als die „Königin der Flussfische“. Die Kieselgründe bei Stein bieten dem begehrten Fisch besonders gute Lebensbedingungen. Er wird übrigens heute noch rund um Öhningen und Stein in einer besonderen Form der „Zuggarnfischerei“ gefangen. Die spezielle Technik erfordert zwei Boote und ein Schleppnetz.

Übrigens: Neben dem feinen Fischgericht, das damals der Herrschaft im Salon serviert wurde, stand für das Gesinde ein Brei aus Kartoffeln, Rüben und Lachs auf dem Herd. Nanu, Lachs für das Personal? Doch in Zeiten, als die Lachse noch bis zum nahen Rheinfall kamen, waren diese im Überfluss vorhanden. Und die einfachen Leute bekamen sowieso nur den vom Laichgang völlig erschöpften und zähen Fisch zu essen. Die jungen, wohlschmeckenden Lachse werden eigentlich auch „Salm“ genannt. So wird man nach Gasthäusern „Zum Lachs“ vergeblich suchen. Der Schriftzug „Zum Salm“ ziert hier am Rhein dagegen schon öfter mal ein Wirtshausschild.

Der Rheinfall und das Wunder einer wilden Fahrt

Kaum hat der Fluss Stein am Rhein verlassen, erlebt man ihn – wie später auf seiner über 1000 Kilometer langen Strecke nach Rotterdam nie mehr – frei fließend, Natur pur. Gleich am Hafen von Schaffhausen lockt eine bekannte kulinarische Adresse: die „Fischerzunft“, das Restaurant des Schweizer Meisterkochs André Jaeger. Die Liebe zum asiatischen Essen bestimmt seine Kochphilosophie und so wird in der Jaegerschen Küche ein schottischer Wildlachs mit fernöstlichen Garmethoden und Gewürzen zubereitet. Denn wer mit Rahm und Butter spart, der muss nach anderen Aromen und Kochmethoden suchen. Natürlich können Jaegers Gäste sicher sein, nur besten Wildlachs geboten zu bekommen – sie müssen dafür aber etwas tiefer in die Tasche greifen.

Zu unserer nächsten Reisestation ist es nicht weit: der Rheinfall bei Schaffhausen. Eigentlich ist er nach der letzten Eiszeit durch einen geologischen Zufall entstanden. Denn in seinem wilden Drang nach Westen verlor der Rhein die Orientierung, geriet gegen Süden auf eine harte Jurakalkplatte und stürzte tief. Auf diese Weise entstand ein Hindernis, das auch Lachse nicht überwinden konnten.

Anders erging es der Legende nach einem Edelmann, der in seinem Boot schlafend auf den Rhein hinaustrieb und wie durch ein Wunder die wilde Fahrt den Rheinfall hinab überlebte. Er habe aus Dankbarkeit das Kloster Rheinau gegründet, heißt es. Schon von Ferne kann man einen mächtigen Lachs im Klosterwappen der ehemaligen Benediktinerabtei erkennen – ein deutliches Zeichen, welche Bedeutung der Lachs für das Kloster und sein Umland hatte.

Nahe der Klosterinsel Rheinau befindet sich das ehemalige Fischerdörfchen Ellikon, ein idyllischer, fast vergessener Ort. Vom Fischfang kann hier schon lange niemand mehr leben. Aber die Söhne des alten Rheinfischers Walter Nägeli beherrschen immer noch die alte Technik, mit dem Netz im Fluss zu fischen. Bis hin zum Rheinfall stiegen die Lachse während der Laichzeit auf. Der Bau der Flusskraftwerke machte dem vor Jahren ein jähes Ende. Aber jetzt macht sich im Rhein wieder neues Leben breit. Aufstiegshilfen vor den Kraftwerken und Staustufen ermöglichen es den Lachsen, wieder bis zum Rheinfall vorzudringen.

Dieser Beitrag beruht auf der Grundlage des Films von Willy Meyer.

Die Klosterinsel Rheinau

Adressen

Klaus Neidhart
Silencehotel Restaurant Gottfried
Böhringer Str.1
D-78345 Moos
Tel.: 07732-92420
Fax: 07732-52502
E-Mail: rezeption@hotel-gottfried.de
www.hotel-gottfried.de

Hubert Neidhart
Gasthaus Grüner Baum
D-78345 Moos
Tel.: 07732-54077
Fax: 07732- 52238
E-Mail: gruenerbaum@t-online.de

Mit dem Schiff zu den Bregenzer Festspielen!
Informationen bei:
Bodensee-Schiffsbetriebe GmbH
Hafenstraße 6
78462 Konstanz
Tel.: 07531-281389
www.bsb-online.com

Mary Sauter
Kehlhof 8
CH- 8272Ermatingen
Tel.: 0041-71-6641584
In der historischen Gerichtsstube gibt es zünftiges Vesper und den süffigen, selbstproduzierten „Gerichtsstube-Wi" zu kosten.

Philippe Combe
Restaurant Sonne
Am Rathausplatz 13
CH-8260 Stein am Rhein
Tel.: 0041-52-7412128

Museum Lindwurm
Unterstadt 18
CH-8260 Stein am Rhein
Tel.: 0041-52-7412512
Fax: 0041-52-7414582

André Jaeger
Rheinhotel Fischerzunft
Rheinquai 8
CH-8200 Schaffhausen
Tel.: 0041-52-6320505
Fax: 0041-52-6320513
E-Mail: info@fischerzunft.ch

Unterwegs nach Basel

Nach dem Rheinfall bei Schaffhausen bahnt sich der Fluss einen Weg durch hartes Felsgestein bis nach Basel. Die Schweiz scheint zwar stets auf ihre Eigenständigkeit bedacht, ist aber eine weit offenere Gesellschaft, als man gemeinhin vermutet. Gerade am und um den Rhein zeigen sich Einflüsse verschiedenster Kulturen.

Unser Reiseabschnitt beginnt in Zurzach mit seinem Schloss aus dem 19. Jahrhundert sowie den Spuren einer ehemaligen römischen Siedlung und führt in das Gebiet um die Stadt Baden. Hier stoßen wir auf Schloss Habsburg, die Geburtsstätte dieser großen Adelsdynastie, und das wenige Kilometer entfernte Kloster Königsfelden. Diese 1308 gegründete Franziskanerabtei ist wegen ihrer elf bunt bemalten Kirchenfenster international bekannt.

„Doppelte Küche" und „doppelte Städte"

In Baden findet sich in der Villa Langmatt, einem Herrenhaus des Schweizer Industriellenpaares Sidney und Jenny Brown, eine der größten privaten Sammlungen impressionistischer Malerei. Während ihrer Flitterwochen im Jahre 1896 haben sie mit dem Kauf des ersten Kunstwerkes den Grundstein für diese Sammlung gelegt. Ihre bevorzugten Künstler hießen Renoir, Cézanne, nicht zu vergessen Pissaro, Monet und Degas.

Natürlich lohnt der Ausflug auch aus kulinarischer Sicht. Kurz hinter Baden, in Dättwill, bietet Bernhard Bühlmann in einem ehemaligen, 200 Jahre alten Schweizer Bauernhof zweierlei Küchen an. Der Gast kann wählen: einerseits die traditionelle Schweizer Küche im Restaurant „Pinte", andererseits eine vor allem durch die Toskana inspirierte, gehobene Küche in der Bacchus-Stube.

Uns gefallen solche „Doppelungen", die sich auf unserer Reise nicht nur in der Küche finden. So existiert auch das Städtchen Laufenburg gleich zweimal, nämlich links und rechts des Rheins. Zwei

Laufenburg

Städte in zwei Ländern, verbunden durch eine Steinbrücke, die an eine gemeinsame Vergangenheit erinnert. Bis 1801 gehörte man zu Österreich. Doch Napoleon legte neue Grenzen fest und teilte die Stadt auf. Eine Festung aus dem 13. Jahrhundert, malerische Gässchen und schöne Uferpromenaden machen die „Doppelstadt" auch doppelt sehenswert.

Einige Kilometer rheinabwärts ein weiterer „Brückenschlag": In Bad Säckingen spannt sich Europas längste, mit Holz überdachte Brücke über den Rhein, 200 Meter lang und über 400 Jahre alt. Das Stadtbild prägen die beiden Türme des Fridolin-Münsters. Das im 13./14. Jahrhundert errichtete gotische Gebäude baute man später zu einer der prächtigsten Barockkirchen der Region um. Berühmt geworden ist Säckingen durch den Schriftsteller Joseph Victor von Scheffel. Als er um 1850 hier lebte, schrieb er das Gedicht „Der Trompeter von Säckingen". Wir besuchen die für ihn eingerichtete Erinnerungsstätte im Schloss Schönau. Hier befindet sich auch die größte Trompetensammlung Europas. Sie besteht aus 170 Instrumenten. Das älteste Exemplar stammt aus dem Jahre 1700.

Internationale Einflüsse: Tortellini und Tabak

Bei Ueken kommen wir an einem Teil der 14 000 Hektar großen Rebenfläche des Landes vorbei. 1964 hat der frühere Chemiker Bruno Fehr die letzte Parzelle der örtlichen Weinberge gekauft. Inzwischen produziert er jährlich 200 000 Liter Wein. Diesen Erfolg verdankt er Durchsetzungsvermögen – und Schmugglergeist. Vor 25 Jahren führte er Rieslingstöcke aus dem Elsass heimlich in die Schweiz ein und pflanzte sie dort trotz aller Verbote an. Später ist er auf diese Weise auch zu Bordeaux-Weinen gekommen.

Und noch eine „doppelte" Stadt an den Ufern des Stroms: Rheinfelden. Die Schweizer Stadt ist die älteste im Kanton Argau. Sie wurde 1130 gegründet. Türme, mittelalterliche Stadtmauern, eine ehemals gotische, jetzt barocke Kirche und ein Thermalkurzentrum empfangen uns. Direkt am Rheinufer auf deutscher Seite haben die Brüder Bruno und Enrico Lamano das Restaurant „I Fratelli" eröffnet. Sie kommen aus den Abruzzen und vereinen in ihren Gerichten die besten Traditionen der italienischen, badischen und französischen Küche. Im Mittelpunkt: Nudeln – grüne und schwarze und natürlich Tortellini und Ravioli in allen Varianten. Trüffeln dürfen da nicht fehlen. Die Spitzenköche möchten ein Stück Italien an den Rhein bringen.

Die Lamanos haben einen Landsmann gefunden, der für frische Produkte sorgt. Der Gemüsehändler Nicolas Gogliucci baut auf rein biologischer Basis Gemüse und Früchte aus Italien an. Aus seiner Heimatstadt Salerno hat er unter anderem Auberginen, Paprika und verschiedenes Obst mitgebracht.

Weitere „Internationalität" brachte die Tabakindustrie. Im schweizerischen Rheinfelden setzen die Brüder Wührmann eine 135 Jahre alte Familientradition fort. Sie leiten eine Tabakfabrik, die ihren Rohstoff vor allem aus Kuba und Brasilien bezieht. Früher hatten die Wührmanns allein in Rheinfelden sechs Konkurrenten. Seit 1976 sind sie die einzigen und fertigen weiterhin als Spezialität ihre handgedrehten Zigarren.

„Damit Gemüse nach Gemüse schmeckt"

Südlich von Rheinfelden liegt Magden, ein Städtchen mit 3400 Einwohnern, das vom Sunnenberg überragt wird.

Blick auf die über 400 Jahre alte Holzbrücke in Bad Säckingen

Tarte Tatin (Gestürzter Quittenkuchen)

REZEPT

Zutaten

Quittenkuchen:
ca. 50 g Blätterteig
50 g Butter
90 g Zucker
450 g Quitten

Vanillesauce:
1/4 l Milch
1/4 l Sahne
Mark einer Vanillestange
4 Eigelbe
100 g Zucker oder Honig

Zubereitung

Quittenkuchen: Den Blätterteig 1/2 cm dick auswallen und mit einer Gabel einstechen. Butter in einer gusseisernen Pfanne zergehen lassen, Zucker dazugeben. Die Quitten schälen, halbieren, Kerngehäuse entfernen und in 1 cm dicke Scheiben schneiden. Die Quittenscheiben zum Zucker in die Pfanne legen. Mit dem Blätterteig abdecken und mindestens 30 Min. im Kühlschrank ruhen lassen. Im Ofen bei 200 Grad ca. 45 Min. backen. Die Pfanne dann kurz auf die Herdplatte stellen, damit alle Flüssigkeit verdunsten kann und die Quitten schön karamellisieren. Den Kuchen auf ein Gitter stürzen und am besten noch warm mit der Vanillesauce servieren.

Tipp: Anstelle einer Gusseisenpfanne kann auch ein hohes Blech verwendet werden. Wichtig ist, dass das Geschirr nicht klebt. Die Gusseisenpfanne sollte daher vorher mit Salz ausgebrannt werden.

Vanillesauce: Milch, Sahne und Vanillemark in einer Kasserolle aufkochen. Die Eigelbe mit dem Zucker (Honig) schaumig rühren. Anschließend die kochende Milch-Sahne-Mischung auf die Eigelbmasse schütten, sofort rühren, zurück in die Kasserolle geben und zur Rose kochen. Durch ein feines Haarsieb passieren und kalt stellen. Von Zeit zu Zeit rühren, damit sich keine Haut bildet.

Rezept von Siegfried Rossal aus Magden

In dieser Gegend gibt es Felder, Obstplantagen und Weinberge – eben fast alles, was man für die Produkte einer guten Küche braucht. In diesem „Umfeld“ hat sich vor zwölf Jahren Siegfried Rossal niedergelassen. Er gilt als einer der besten Köche der Schweiz. In seinem Gasthof „Pöschtli“ serviert er Gerichte mit harmonischem, natürlichem Geschmack. Die regionalen Produkte ergänzt er durch Gemüse aus seinem eigenen Garten. Er setze auf den Eigengeschmack der Produkte, damit Gemüse nach Gemüse und ein Reh nach Reh schmecke, sagt Rossal. Den letzten Schliff gibt's durch des Meisters raffinierte Saucen.

Auf dem weiteren Weg nach Basel machen wir in Augst Station. Hinter der dort ausgeschilderten „Augusta Raurica“ verbirgt sich eine ehemalige römische Stadt, die 44 vor Christus von Feldherr Munatius Plancus gegründet wurde. In ihrer Blütezeit vor 1 800 Jahren wohnten hier rund 200 000 Menschen. Das besterhaltene antike Theater nördlich der Alpen und ein einzigartiges nachgebautes Römerhaus sind zu bewundern. In einem Museum sind 700 000 Relikte aus der damaligen Zeit untergebracht. Wir erhalten Einblick in das Leben und die Essgewohnheiten der damaligen Bewohner. Noch heute wird regelmäßig Brot auf römische Art gebacken.

Etwa ein Dutzend Kilometer südlich des Rheintals kommt man durch die Wälder des Ergolztales nach Liestal. Hier gibt es eine einzigartige Sammlung von 70 Harmonien aus der ganzen Welt. Der Organist und Grundschullehrer Dieter Stadler hat die Stücke in 30 Jahren zusammengetragen. Um die vielen Instrumente unterzubringen, errichtete er neben seinem Haus ein Museum. Vor kurzem hat er seine dritte CD mit Eigenkompositionen für das Harmonium aufgenommen.

Die Statue des Herkules aus Augst

Genüssliche Tramfahrt

Das kulturelle Basel: Münster, Maschinen und Museen

Als wir Basel erreichen, geht gerade die Sonne unter – ein majestätischer Anblick. Die späte Stunde ermöglicht uns eine Stadtbesichtigung der besonderen Art. Mit einer historischen Straßenbahn von 1914 zuckeln wir los. Und während wir in 90 Minuten alle Stadtviertel durchqueren, können wir genüsslich speisen.

Am nächsten Tag geht es zu Fuß weiter. Vor dem Rathaus beginnt unsere Tour. Hier verkaufen die Gemüsehändler aus der Region täglich ihre Waren. Sehenswert ist auch das Münster, dessen beide Türme von Engels- und Prophetenfiguren geschmückt werden. Besonders interessant sind die beiden Kreuzgänge aus gotischer Zeit. Im nahen Stadtteil Sankt Alban stehen noch einige Häuser aus dem 15. und 16. Jahrhundert. Dieses Viertel wurde nach dem ältesten Kloster der Stadt benannt. Der Bischof von Basel hat es im Jahre 1803 gegründet.

Das Kunstmuseum Basel ist das größte Museum der Schweiz. In 15 Sälen bietet es eine ansehnliche Gemälde-Sammlung mit den Schwerpunkten Malerei und Zeichnung des 15. bis 17. Jahrhunderts sowie neuere Kunst des 19. und 20. Jahrhunderts. Werke von Künstlern wie Holbein, Grunewald und Lucas Cranach sind ebenso zu bewundern wie von Cézanne, Picasso, Kirchner, Giacometti und Rothko.

Sehenswert in der Kunst-Stadt Basel, die schon mehr als 500 Jahre zur Schweizerischen Eidgenossenschaft zählt, aber immer die europäische Kultur prägte, sind auch das Museum für Gegenwartskunst mit Werken aus den 60er-Jahren des vorigen Jahrhunderts bis heute (J. Beuys, B. Nauman,

„Röstis"

REZEPT

Zutaten

800 g festkochende Kartoffeln, am besten mit gelbem Fleisch
150 g durchwachsener Speck
2 große Zwiebeln
Butter zum Braten
Salz, Pfeffer aus der Mühle

Zubereitung

Kartoffeln waschen und mit der Schale in Salzwasser kochen (Pellkartoffeln). Sie sollen sehr fest bleiben. Abgießen, aber nicht abschrecken. Kartoffeln pellen, anschließend grob reiben.
In einer großen beschichteten Pfanne den klein gewürfelten Speck und die gehackte Zwiebel in Butter anschwitzen. Die geriebenen Kartoffeln zugeben, mit Salz und Pfeffer würzen.
Alles gut vermischen, den Rand des Röstis buttern und recht schnell goldbraun werden lassen. Wie einen Pfannkuchen in der Pfanne wenden und von der anderen Seite braten.
Den Röstis nicht zu dick machen. Er soll auf der Oberfläche knusprig sein und das Innere soll auf der Zunge zergehen.

Rezept von Charlotte Bleile, „St Alban-Stübli"

Das Museum Jean Tinguely

R. Trockel, F. Stella werden hier präsentiert) und die Fondation Beyeler im Vorort Riehen unmittelbar an der deutschen Grenze. Der berühmte Architekt Renzo Piano hat in Riehen ein Museum gebaut, in dem vor allem die großformatigen Werke von C. Monet und die langen Skulpturen von A. Giacometti zur Wirkung kommen.

Wer es exotischer mag: Am Rheinufer steht das Museum Jean Tinguely. Als der rosarote Bau eines weiteren Stararchitekten, Mario Botta, 1996 eröffnet wurde, war die Stadt am Dreiländereck um eine weitere Attraktion reicher. Jean Tinguely, der Schweizer Künstler, hat Metaharmonien erfunden, Schrott-Maschinen, die Töne mischen und gleichzeitig zwecklos und sinnvoll sein können. Am Ende unseres Kulturbummels durch Basel mit seinen 27 Museen besuchen wir noch das Puppenhausmuseum am Barfüsserplatz. Auf vier Stockwerken erschließt sich die ganze Fülle an Puppen, Teddybären, Kaufmannsläden ... Kinder haben übrigens freien Eintritt.

Das kulinarische Basel: „Läckerli", Ueli Bier und Klöpfer-Wurst

Die ersten Schritte, um das „kulinarische Basel" zu entdecken, unternehmen wir mit der Restaurantbesitzerin Charlotte Bleile. Sie bringt uns in ihrem „St. Alban-Stübli" die einfache Küche näher: Röstis mit Kalbsleber und Hähnchen mit Gemüse. Zum Dessert kaufen wir in der Stadtmitte einige „Läckerli", den typischen Basler Kuchen. Er wird schon seit 500 Jahren nach einem unveränderten Rezept unter anderem aus Honig, Gewürzen, Mandeln, Zucker, Haselnüssen und eingelegten Früchten hergestellt.

Anschließend sind wir in der „Fischerstube" zu Gast. Hier lernen wir das Ueli Bier kennen, ein noch handwerklich gebrautes Bier, das weder gefiltert noch pasteurisiert wird. Die tägliche Produktion der Brauerei liegt bei gerade einmal 1200 Litern. Der ausgeprägte Geschmack des Ueli Bieres zeugt von Individualität und Gemütlichkeit. Dazu isst man „Klöpfer", eine Zervelatwurst aus Rind- und Schweinefleisch und verschiedenen Kräutern,vor allem Koriander.

„Am liebsten essen wir Klöpfer während eines Fußballspiels unseres Clubs, des FC Basel", bekennt der Chef des beliebten Restaurants „Bruderholz". Pierre Buess ist Elsässer und Basel seine Wahlheimat. In seinem Haus zeigt sich erneut, wie unterschiedliche Einflüsse zu einem neuen Ganzen verschmelzen können. Dabei treffen wir auf Patricia Resch aus Linthal. Sie ist im Restaurant die Herrin über 500 Weine. Zuvor war sie Sommelière in England und in einem Drei-Sterne-Restaurant im Elsass. Sie „schwört" heute auf den Schweizer Wein: „Man muss nur mal nach Valais im Kanton Vaux fahren und sich dort mit den Leuten und Winzern treffen. Man tauscht sich aus, probiert Weine, hört und fühlt, das ist alles", sagt sie.

Am Herd im „Bruderholz" steht Jean-Claude Wicky. Auch er ist Elsässer und versteht es, neuartige und klassische Gerichte harmonisch zu verbinden. Für uns bereitet der Küchenchef frische Jakobsmuscheln auf zwei Arten zu. Zum Schluss drapiert er auf einem Teller in der Mitte feine Scheiben von Jakobsmuscheln in Olivenöl mariniert mit Zitronensaft, Ingwer, Salz und Pfeffer auf einem Fenchelmus. Außen liegen gegrillte Jakobsmuscheln mit Curry-Olivenöl. Na dann, guten Appetit!

Dieser Beitrag beruht auf der Grundlage des Films von Francis Guthleben.

Variation von Jakobsmuscheln

Adressen

Informationen zur Villa Langmatt:
Info Baden
CH-5401 Baden
Tel.: 0041-56-2008383
www.baden.ch

Restaurant Pinte
B. & B. Bühlmann
Sommerhaldenstr. 20
CH-5405 Dättwil/Baden
Tel.: 0041-56-4932030
Fax: 0041-56-4931466
www.pinte.ch

Gasthof Pöschtli
Siegfried Rossal
CH-4312 Magden
Tel.: 0041-61-8411125
Fax: 0041-61-8411160
www.poeschtli.ch

Ristorante I Fratelli
Familie Enrico und Bruno Lamano
Rheinbrückstraße 8
79618 Rheinfelden
Tel.: 07623-30254
Fax: 07623-719523

Restaurant Bruderholz
Pierre und Laurence Buess
Bruderholzallee 42
CH-4059 Basel
Tel.: 0041-61-3618222
Fax: 0041-61-3618203

Öffentliche Kunstsammlung Basel
Kunstmuseum Basel
St. Alban-Graben 16
CH-4010 Basel
Tel.: 0041-61-2066262
www.kunstmuseumbasel.ch

Museum Jean Tinguely
Paul Sacher-Anlage 1
CH-4002 Basel
Tel.: 0041-61-6819320
www.tinguely.ch

Fondation Beyeler
Baselstraße 101
CH-4125 Riehen
Tel.: 0041-61-6459700
www.beyeler.com

St. Alban-Stübli
St. Alban-Vorstadt 74
CH-4052 Basel
Tel.: 0041-61-2725415
Fax: 0041-61-2740488

Puppenhausmuseum
Steinenvorstadt 1
CH-4051 Basel
Tel.: 0041-61-2259595

Brauerei Fischerstube
Rheingasse 45
CH-4058 Basel
Tel.: 0041-61-6929495
Fax: 0041-61-6929492

Colmar und das Oberelsass

Ganz in der Nähe von Basel liegt Saint Louis. Man nennt es auch das „Tor zu Frankreich“, denn es markiert den Anfang des französischen Rheins. Warum man die Gegend auch als „kleine Camargue“ bezeichnet, machen die Bilder aus unserem Hubschrauber deutlich. Auf der einen Seite sehen wir den für die Schifffahrt begradigten Rhein. Daneben erstreckt sich reines Flachland, das ursprüngliche Überschwemmungsgebiet des alten Rheins. Die vielen Wasseradern lassen an ein Deltagebiet denken. Oder sagen wir es mit Adrien Vonarb, dem einzigen Berufsfischer des Elsass, der in Balgau noch die traditionelle Netzfischerei betreibt und die Restaurants in der Umgebung mit seinem Fang beliefert: „Der Rhein ist ein Meer, ohne danach auszusehen.“

Einen entsprechenden Stellenwert nimmt der Fisch in der Küche ein. Schon 1852 wurde hier die erste Fischzucht Europas gegründet. Später hat man dieser Fischzuchtstation als einziger das Recht übertragen, den Rhein wieder mit Lachsen zu bevölkern. Heute ist Lachs im Vergnügungshafen von Kembs die Hauptattraktion in einem Restaurant auf einem umgebauten Schleppkahn.

Die „Schätze" des Sundgaus

Unsere kulinarische Reise führt uns aber erst einmal in den Sundgau, das Land westlich des Stroms. Er ist die südlichste Region des Elsass. Geprägt wird er von ländlicher Tradition, von sanft hügeliger Landschaft und Teichen. Es ist kein Zufall, wenn der gebratene oder frittierte Karpfen die hiesige Spezialität ist. Dieses typische Gericht besteht aus Fischstreifen, die in Teig getaucht und in Fett ausgebacken werden. Mit Salat und Zitronen angerichtet sind sie ein sehr leichtes und bekömmliches Essen. Wir kehren für diesen Genuss bei Jean-Marie Hirtzlin ein. Er hat kürzlich sein Sternerestaurant in Mulhouse verlassen, um in den heimatlichen Sundgau zurückzukehren. Im Dorf Oberlargue hat er jetzt eine kleine Dorfkneipe aufgemacht.

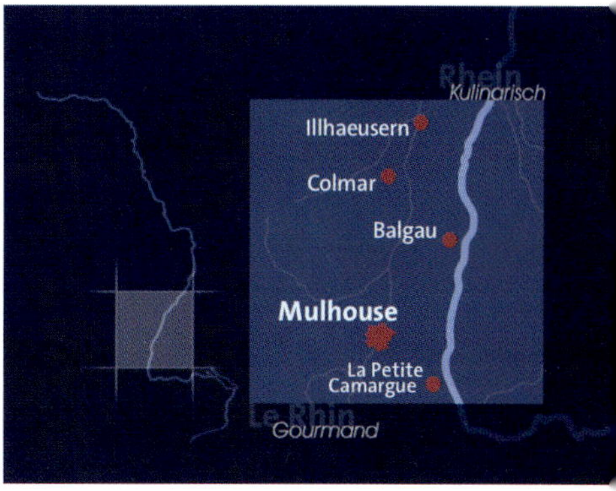

Adrien Vonarb bereitet mit Reusen den Fang von Aalen vor

Aber der Fisch ist – kulinarisch gesehen – natürlich nicht alles. Im Sundgau findet man Pilze, wie sie uns Marco Arbeit, Küchenchef des „Saint-Laurent" in Sierentz, zeigt. Und in Ferrette stoßen wir auf Käse. Bernard Anthony hat dem Städtchen, das durch die Ruinen seiner beiden Schlösser bekannt geworden ist, eine weitere Attraktion hinzugefügt. Er beliefert mit seinen Produkten die Kochmützen und -sterne gekrönte Gourmet-Gastronomie. Regelmäßig lässt ihn sogar die Fürstenfamilie von Monaco mit dem Hubschrauber abholen, damit er Käsebuffets organisiert. In seinem Keller dürfen wir dabei sein, um die Vielfalt der Produkte zu bewundern. Im kleinen Laden in der Altstadt von Ferrette diese Käsesorten zu probieren, ist ein unvergessliches Erlebnis.

Aber auch das gibt es: Gourmetfreuden und Kunst. Im Riedisheimer Sternerestaurant „Relais de la Poste" bewundern wir das Werk von Louis Perrin, das der Künstler aus längst vergessenen Küchengeräten zusammengestellt hat. Wie eine Huldigung an seine Mutter, Großmutter und Urgroßmutter.

Mulhouse: Baumwolle und Bugattis

Doch bevor wir den Eindruck erwecken, das Elsass bestehe nur aus Restaurants – ein Abstecher nach Mulhouse. Sie ist die „Industriehauptstadt" des Elsass, deren Entwicklung im 18. Jahrhundert mit der Gründung der ersten Baumwolldruckerei einsetzte. 1746 begannen vier junge Mulhouseener Baumwollstoffe nach einem Verfahren zu bedrucken, das aus Indien stammte. Innerhalb nur eines Jahrhunderts wurden nahezu 40 Stoffdruckereien in Mulhouse und Umgebung gegründet. Später kamen noch andere Industriezweige hinzu. Mulhouse erhielt den Namen „die Stadt der 100 Kamine". Heute wird die Industriegeschichte der Stadt nicht nur in der

Hummerbaeckeoffa

REZEPT

Zutaten für 4 Personen

2 Hummer, je ca. 600 g (1/2 pro Person)
1,5 l Hummerbrühe
8 mittelgroße Kartoffeln
3 Zwiebeln
2 Stangen Porree
80 g Butter
1 Messerspitze Safran
1 Thymianzweig
2-3 Lorbeerblätter
2 Knoblauchzehen
8 cl Weißwein
Salz, Pfeffer
nach Belieben ca. 150 g gekochter, ungeräucherten Speck

Zubereitung

Die Hummer ca. 10 Min. in der Brühe kochen, das Hummerfleisch auslösen und in kleine Würfel schneiden. Die Panzer und andere „Abfälle" aufheben, zerstückeln und daraus einen konzentrierten Hummerfond zubereiten.
Die Kartoffeln schälen und in ca. 3 mm dicke Scheiben schneiden. Zwiebeln und Porree klein schneiden, in Butter andünsten (das Gemüse soll keine Farbe bekommen!) und die Kartoffelscheiben mit dem Safran dazugeben. Gut durchrühren.
Thymianzweig, Lorbeerblätter und Knoblauchzehen dazugeben, mit Weißwein aufgießen, salzen und pfeffern. Anschließend den Hummerfond dazugeben (einige Löffel davon aufbewahren!) und das ganze 30-35 Min. kochen lassen. Zwischendurch gut umrühren. Nach der angegebenen Kochzeit beiseite stellen, Thymianzweig und Lorbeerblätter entfernen.
In eine Terrinenform aus Keramik abwechselnd Gemüse und Hummerstücke schichten, bis alle Zutaten aufgebraucht sind. Eventuell den Speck zwischen die Schichten schieben, nach Belieben noch etwas Hummerfond dazugießen und die Form mit dem Deckel schließen. Im Ofen bei 180 Grad 45 Min. backen.
Zu diesem Gericht passen herb-bittere Salatsorten und ein schöner Riesling.

Rezept aus dem Restaurant „Relais de la Poste"

Jean Marie Kieny vor dem Werk von Louis Perrin

Colmar

Architektur sichtbar, sondern auch in mehreren Museen, z.B. das Museum der Stoffdruckereien und das Eisenbahnmuseum. Am bekanntesten ist jedoch das vom Wollfabrikanten Fritz Schlumpf aufgebaute Automobilmuseum. Raritäten und Schönheiten vergangener Tage lassen das Herz jedes Oldtimer-Fans höher schlagen.

Wir reißen uns dennoch von den Ferraris und Bugattis los, um unser nächstes Ziel anzusteuern: Neubreisach. Das Städtchen gegenüber dem badischen Breisach gelegen, ist eine Besonderheit. Hier versuchte Ludwig XIV., in der Rheinebene eine ideale Festung zu errichten. Sein Baumeister Sebastian de Vauban realisierte die Festungsstadt auf einem achteckigen Grundriss, deren Straßen symmetrisch angeordnet auf einen quadratischen Platz zulaufen.

Mit dem Boot nach Klein-Venedig

Weitaus weniger martialisch stellt sich Colmar dem Besucher dar. Die Stadt mit ihren vielen schönen Fachwerkhäusern liegt in der Mitte der Weinstraße.Vor allem der Handel mit dem Rebensaft hat sie im 13. Jahrhundert zu einer reichen und blühenden Stadt gemacht. „Es ist ein schönes Land … der Wein in Colmar ist sehr gut und seine Einwohner sind sehr freundlich“, sagte schon Voltaire, der im Jahre 1753 dort zu Besuch war. Heute gehört Colmar mit seinen Fachwerkhäusern aus dem 16. Jahrhundert zu den schönsten Städten des Elsass. Besonders sehenswert sind das „Haus Pfister“, das von einem reichen Hutmacher gebaut wurde, und das „Haus der Köpfe“. Das verdankt seinen Namen den 106 Antlitzen an der Fassade, die ein reicher Händler schnitzen ließ.

Kougelhopf

REZEPT

Zutaten für 1 kg Teig

100 g Rosinen; 1,5 cl Kirschwasser; 100 g und 300g Weizenmehl; 25 g frische Hefe; 20 cl Vollmilch; 10 g Salz; 60 g Zucker; 1 Ei (40 g); 180 g Butter (Raumtemperatur); 30 g Butter für die Form; 50 g ganze Mandeln; 1,5 cl Wasser; 15 g Puderzucker zum Bestäuben

Zubereitung

Die Rosinen in Kirschwasser einweichen. 100 g Mehl sieben, Hefe und lauwarme Milch dazugeben, verrühren. Den „Vorteig" mit Folie zugedeckt bei Raumtemperatur (22 Grad) 15 Min. gehen lassen. 300 g Mehl in eine Schüssel sieben, in die Mitte eine kleine Vertiefung drücken. Salz und Zucker an den Rand geben. Den „Vorteig" und das Ei in die Mulde geben und mit dem restlichen Mehl von außen nach und nach vermischen. Ca. 10 Min. gut durchkneten. Der Teig ist fertig, wenn er nicht mehr an den Fingern klebt.

Nun Butter und Rosinen dazugeben - der Teig wird beim Kneten glänzend. Noch ein bisschen kneten, dann den Teig zu einer Kugel geformt in eine große Schüssel geben und zugedeckt 1 Std. bei Zimmertemperatur gehen lassen. Dann den Teig noch einige Sekunden zwischen den Handballen hin- und herrollen und weitere 20 Min. gehen lassen.

Eine Gugelhupfform (für 1 kg Teig) oder 15 kleine Schälchen (für 60 g Teig) ausbuttern. Die Mandeln kurz in heißes Wasser tauchen und in jede „Rinne" der Form eine Mandel legen. Die Teigkugel in die Form gleiten lassen, mit einem Tuch zudecken und bei Zimmertemperatur gehen lassen, bis der Teig sich fast verdoppelt hat.

Den Ofen auf 200 Grad vorheizen. Die Form in den Ofen schieben, die Temperatur auf 180 Grad zurückschalten und den Kuchen 1 Std. backen.

Danach die Form stürzen und den Kougelhopf auf einem Gitter auskühlen lassen. Zum Schluss mit Puderzucker bestäuben. Dazu passt Aprikosenconfit.

Rezept von Christine Ferber, „Pâtisserie Ferber"

Die größte touristische Anziehungskraft hat aber der Isenheimer Altaraufsatz im Museum von Unterlinden. Er wurde wahrscheinlich zwischen 1490 und 1516 gebaut. Gestaltet und bemalt hat ihn der Künstler Mathias Grünewald, dessen Biografie noch immer voller Rätsel steckt. Er ist das Herzstück der Sammlung, die viele Meisterwerke der rheinischen Kunst präsentiert. In Colmar kann man aber auch bei Auguste Bartholdi, dem Vater der amerikanischen Freiheitsstatue, vorbeischauen. Sein Geburtshaus ist heute ein Museum.

Um zu den kulinarischen Genüssen der Stadt zu gelangen, statten wir „La Petite Venise“ einen Besuch ab. Klein-Venedig ist das romantische Viertel, dessen Häuser bis dicht an das Flüsschen Lauch reichen. Stakt da nicht sogar ein „Gondolieri“ sein Boot durch das Wasser? Die Gondel entpuppt sich als flacher Kahn, der beim nahe gelegenen Händler Gemüse aufgeladen hat. Es ist Donnerstag, Markttag auf dem Platz des ehemaligen Zollamts. Hier kauft Patrick Fullgraff ein, Chef des „Fer Rouge“. Wir begleiten ihn bei seinem Einkauf, bei dem er sorgfältig Früchte, Pilze und Kartoffeln auswählt. Zwischen Fachwerk und prächtigen Museen geht es zu seinem Restaurant mitten in der romantischen Altstadt, wo er für unsere kulinarische Rheinreise ein Fischgericht zubereitet. Im Lokal entdecken wir ein Gemälde, das uns in eine lieblich beschwingte Szenerie über den Weinbergen von Katzenthal und Niedermorschwihr entführt.

In der „Rue des serruriers“, der Bäckerei und Konditorei von Daniel Helmstetter, lernen wir ein altüberliefertes und traditionelles Elsass-Rezept kennen: den Kougelhopf. Ein Rezept, das auch Christine Ferber be-

„Matelote“ (Fischragout) mit Riesling

REZEPT

Zutaten für 6-8 Personen

1 Aal (1 kg); 500 g Hecht; 200 g Barsch; 300 g Schleie; 2 Forellen (à 400 g); 4 Schalotten; 125 g Butter; 1 Flasche Riesling; Salz, Pfeffer; 200 g Blätterteig; 200 g frische Champignons; 80 g Mehl; 2 Eigelbe; 1/4 l Sahne; Zitronensaft; geriebene Muskatnuss; 1 EL gehackte Petersilie

Fischbrühe: 1 Stange Porree; 1 Möhre; 1 Zwiebel; 1/4 Lorbeerblatt; 1 Thymianzweig; 1 Zweig Estragon; 1/2 Knoblauchzehe

Zubereitung

Den Aal abziehen, die Fische schuppen, die Flossen abschneiden und in Stücke schneiden. Für die Fischbrühe das Gemüse klein schneiden und mit 1,5 l Wasser aufgießen. Fischköpfe, Kräuter und Knoblauch dazugeben. 30 Min. kochen lassen. Danach durch ein Sieb abgießen und beiseite stellen. In einer Kasserolle die klein gehackten Schalotten in Butter andünsten, den Riesling sowie einen Liter von der vorbereiteten Fischbrühe dazugeben. Salzen, pfeffern und zum Kochen bringen. Als erstes die Aalstücke hineingeben, deren Kochzeit am längsten ist. 5 Min. kochen lassen, dann der Reihe nach Hecht, Barsch und danach Schleie und die Forellen hinzugeben. Salzen, pfeffern und 15 Min. köcheln lassen. Kleine „Hörnchen“ aus dem Blätterteig schneiden und im Ofen bei 200 Grad backen. Die klein geschnittenen Champignons in einer Pfanne in Butter kurz anbraten. Während die Fische kochen, aus 80 g Butter und dem Mehl eine Mehlschwitze zubereiten. 5 Min. kochen und dann abkühlen lassen. In die Mehlschwitze die Flüssigkeit aus dem Fischtopf geben, mit einem Schaumschläger gut verrühren und 10 Min. köcheln lassen. Diese Sauce mit einem Ei-Sahne-Gemisch binden (nicht mehr kochen lassen!). Mit Zitronensaft und Muskatnuss abschmecken, Champignons und gehackte Petersilie dazugeben. Die Fische auf einer Platte anrichten, mit der Sauce beträufeln und mit Blätterteighörnchen verzieren.

Rezept von Paul und Marc Haeberlin, „Auberge de l'Ill“

Ein typisches Weindorf an der Weinstraße

herrscht. Sie wurde kürzlich vom „Champérard-Führer“ zur besten Konditorin Frankreichs gekürt. Außerdem ist sie mit ihren Marmelade-Büchern die meistgelesene Autorin des Elsass.

Entlang der elsässischen Weinstraße

Der Wein ist in dieser Region ein wichtiges Thema. Einer Sage nach verdankt das Elsass die Einführung der Tokay-Rebe im 16. Jahrhundert dem Diplomaten und Offizier des germanischen Reiches Lazarus von Schwendi. Die aus Ungarn stammende Rebsorte etablierte sich im Laufe ihrer Geschichte als „Tokay d' Alsace“. Heute kennt man sie mit dem Zusatz „Tokay Pinot Gris“. Der Tokay gehört zu den sieben Rebsorten, die im Elsass angebaut werden. Auf der Weinstraße rund um Colmar kann man die elsässischen Weine am besten kennen lernen.

Die Rebstöcke ziehen sich an den Hängen unterhalb der Vogesen entlang. Sie werden nur von pittoresken Städtchen unterbrochen. Vor dem Besuch der zahlreichen Weindörfer und den dazugehörigen Weinproben steht die Qual der Wahl: Geht man nach Bergheim, nach Riquewihr oder doch besser nach Hunawihr mit der prachtvollen Kirche mitten im Weinberg?

Viele Weinbauern bauen ihren Wein selbst aus und vermarkten ihn auch selbst. Am bekanntesten und elegantesten von allen sieben Rebsorten ist der Riesling. Er passt hervorragend zu Fisch und Sauerkraut, während der Gewürztraminer gern zur Gänseleberterrine getrunken wird. Pinot blanc und Sylvaner sind Tischweine. Der Muscat d' Alsace ist nicht süß, sondern ein trocken ausgebauter Wein und der Pinot noir ist der einzige Rotwein, der in dieser Region wächst. Sehr beliebt in der Gastronomie ist zur Zeit der Tokay Pinot Gris.

Wir sind zu Gast bei Sylvie Spiehlmann, einer jungen und dynamischen Winzerin aus Bergheim. Wenn sie von den elsässischen Weinen spricht, ist sie eine wahre Märchenerzählerin. Und wenn sie darüber plaudert, wie man den elsässischen Wein zur Winzerpastete trinkt, vergisst man die Zeit …

In Illhäusern, einem Dorf rund 20 km nördlich von Colmar zwischen den Weinbergen und dem Rhein gelegen, kann man den Tag mit Kaffee oder Tee zum Klang des Wassers beginnen. Gäste des „Hotel des Berges“ genießen auf Wunsch ein ganz besonderes Frühstück, das auf einem Kahn serviert wird. Wo früher die Fischer des Dorfes ihre Netze auswarfen, gleitet nun das kulinarische Boot – von einem elsässischen „Gondoliere“ behutsam gesteuert – durch das Wasser.

Die „Matelote“

Letzte Station unseres Reiseabschnitts ist die „Auberge de l'Ill“, ebenfalls in Illhäusern. Sie wird mit drei Sternen im roten Michelinführer geehrt. Hier unterhalten wir uns mit Paul Haeberlin und seinem Sohn Marc über die Matelote. Dieses Fischragout gehört zu den Spezialitäten des Hauses und seine Zubereitung hat eine lange Tradition. „Wir versuchen immer noch so zu kochen, wie es die Großtante getan hat, nach dem gleichen, unveränderten Rezept“, sagt Marc Haeberlin. „Man muss diese Gerichte so lassen wie sie sind. Man darf sie nicht verändern. Das essen die Leute gerne und sie wollen den ursprünglichen Geschmack.“ Wir können da nur beipflichten …

Dieser Beitrag beruht auf der Grundlage des Films von Francis Guthleben.

Adressen

Auberge St. Laurent
1, rue Fontaine
F-68510 Sierentz
Tel.: 0033-389-815281
Fax: 0033-389-816708

Restaurant Au Fer Rouge
52, Grand' Rue
F-68000 Colmar
Tel.: 0033-389-413724
Fax: 0033-389-238224

Auberge de l'Ill
2, rue Collonges au Mont d'Or
F-68970 Illhaeusern
Tel.: 0033-389-718900
Fax: 0033-389-718283

Hotel des Berges
F-68970 Illhaeusern
Tel.: 0033-389-718787

Relais de la Poste
7, rue Général De Gaulle
F-68400 Riedisheim
Tel.: 0033-389-440771
Fax: 0033-389-643279

Pâtisserie Ferber
18, rue Trois Epis
F-68230 Niedermorschwihr
Tel.: 0033-389-270569
Fax: 0033-389-274803

Berufsfischer M. Adrien Vonarb
1, rue Mittelhardt
F-68740 Balgau
Tel.: 0033-389-485978

Sylvie Spiehlman
2, Route de Thannenkirch
F-68750 Bergheim
Tel.: 0033-389-733595

Musée National de l'Automobile
192, avenue de Colmar
F-68051 Mulhouse
Tel.: 0033-389-332323
Fax: 0033-389-320809
www.musee-auto-schlumpf.asso.fr

Musée Unterlinden
1, rue Unterlinden
F-68000 Colmar
Tel.: 0033-389-201550
Fax: 0033-389-412622

Le port de plaisance de Colmar
6, rue Canal
F-68000 Colmar
Fax: 0033-389-208230

Gérard Woelflé et les bâteliers d'Illhaeusern
F-68970 Illhaeusern
Tel.: 0033-389-718096

Von Weil zum Kaiserstuhl

Wir sind auf dem Weg in das Markgräflerland und die Gegend rund um den Kaiserstuhl. Ausgangspunkt für diese Route ist eine Stadt, die mit der Aufforderung „Lass dich nieder in Weil" wirbt. Das nötige Mobiliar dazu ist im Stadtbild nicht zu übersehen. Überdimensionale Stühle werden zu Wegweisern oder zieren Gebäude. Vor allem Geschäftsleute, aber auch Winzer griffen diese Werbeidee auf, die der kleinen Grenzstadt Originalität verleiht.

Platz nehmen in Weil am Rhein

Der Lieferant solcher Ideen heißt Vitra. Dieses Museum wurde 1989 in einem Gebäude des kalifornischen Architekten Frank O. Gehry eröffnet. Es zeigt historische und zeitgenössische Entwicklungen des Möbeldesigns. Wer also bisher dachte, dass ein Stuhl eine einfache Sitzgelegenheit sei, wird hier über die Fülle an Formen, Farben und Funktionen staunen. Tische, Schreibtische, Stühle, Sessel – „verpackt" in einem Gebäude, dessen Außenarchitektur an ein Schiff erinnert.

Wer noch etwas für's Auge benötigt, findet im Stadtteil Altweil pittoreske Fachwerkhäuschen und eine der schönsten Gartenwirtschaften des Markgräflerlandes. Selbst Friedrich Nietzsche hat unter den japanischen Kaiserbäumen im „Hirschen" schon gespeist und philosophiert. Wer es für den Magen noch eine Stufe höher mag, der kann im „Adler" dinieren. Hier hat Sternekoch Hansjörg Wöhrle in Sachen „Schlemmen in Südbaden" Maßstäbe gesetzt.

Wir suchen uns für die Einkehr die „Krone" in Mauchen aus, die von Doris und Olaf Cassier in familiärer Atmosphäre geführt wird. Wie jeden Gast begrüßt auch uns die Hausherrin persönlich. Heute werden Pfifferlingsmaultaschen serviert. Der gebürtige Wolfsburger Olaf Cassier kocht – und das ist in Baden selten – ab halb zwölf durchgehend bis 22 Uhr. Und wenn auch nur ein Gast im idyllischen Garten sitzen will, so ist das kein Problem.

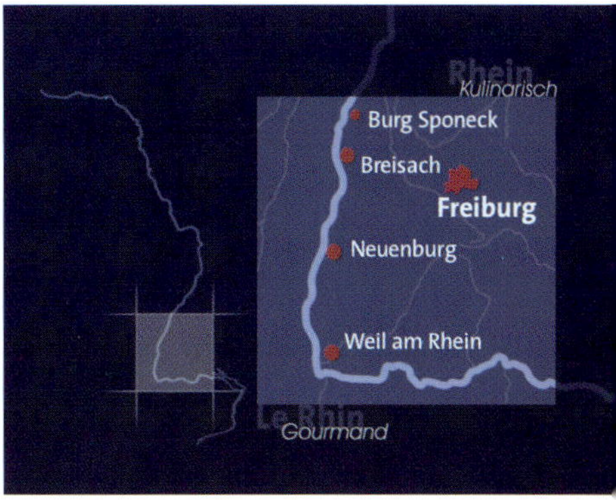

Vitra-Museum in Weil am Rhein

Das Lieler Wasser

Dass aus der Region auch ein Mineralwasser kommt, verdankt man einer geologischen Besonderheit. Durch die Verschiebung der Erdschichten im Oberrheingraben fließt Mineralwasser, das so sonst nur im Schwarzwald entstehen könnte, an ein paar Stellen bis zum Rhein durch. In Liel fördert der „Lieler Schlossbrunnen" das kostbare Nass zu Tage. Das High-Tech-Unternehmen füllt an heißen Sommertagen bis zu einer halben Million Flaschen ab. Lebensfreude pur soll dieses Wasser bringen. So erfahren die Verbraucher auf den Rücketiketten kulturelle und sportliche Ereignisse in der Region.

Das Lieler Wasser findet sich auch auf der Speisekarte von Sternekoch Bertram Blauel in Neuenburg. Man könnte ihn als „Shooting Star" des Markgräflerlandes bezeichnen. Nach Lehr- und Wanderjahren in Kalifornien und auf Kreta eröffnete er zurück am Rhein mit 29 Jahren ein Restaurant und erkochte sich innerhalb von zehn Monaten den ersten Michelin-Stern. Die Familie Blauel verbindet Tradition mit Moderne, mediterrane Küche und Mobiliar aus Jahrhunderten. Im Restaurant gruppieren sich um jeden Tisch andere Stühle. Darunter findet sich so manches Liebhaberstück, um das sich Antiquitätenhändler reißen würden. Und im Aperitifgarten begegnen sie uns wieder: Designstühle aus Weil. Die Kunst sei, aus Nichts etwas zu machen, lautet das Credo des Kochs. Reine Tiefstapelei, denn Blauels Zutaten sind erlesen – so wie das Trüffelöl für unsere Gazpachosuppe.

Käse aus dem Münstertal

Zu unserem nächsten Drehtermin sind wir etwa 20 Kilometer Luftlinie vom Rhein entfernt verabredet. Im Münstertal auf 1100 Meter Höhe gedeihen alte

Gazpacho-Suppe von Tomaten

Zutaten für 4 Personen

500 g sehr reife Kirschtomaten
2 große überreife Tomaten
2 TL Weißweinessig
100 ml Olivenöl
2 TL Zucker
etwas Salz und Pfeffer aus der Mühle
gehacktes Koriandergrün zum Garnieren

Zubereitung

Alle Zutaten außer dem Koriandergrün im Mixer pürieren und falls nötig mit Wasser verdünnen. Abschmecken. Durch ein feines Sieb geben und mindestens 2 Stunden kalt stellen. In Suppentellern und mit dem gehackten Koriandergrün servieren.

Tipp: Ein Stück gebratener Fisch oder Jakobsmuscheln passen wunderbar dazu.

Rezept von Bertram Blauel, „Blauel's Restaurant"

REZEPT

Das Münstertal

Viehrassen wie die „Hinterwälder" prächtig. Es sind keine Turbokühe, die heute der Gastronom und Käsemacher Karl-Josef Fuchs begutachtet. Für seine Idee, diese Kühe gezielt zur Käseproduktion einzusetzen, gewann er den landwirtschaftlichen Innovationspreis.

Fuchs weiß um die Qualität dieses „Rohmaterials". Hier oben wachsen doppelt so viele Gräser und Kräuter wie in der Rheinebene. Das ist entscheidend für das Aroma und die Würze der Milch. Daher gibt er bei der Käseherstellung der Mischung aus gekühlter Abend- und frischer Morgenmilch nur Natur-Kälber-Lab zu. Gewürze oder Geschmacksverstärker? Fehlanzeige! Es ist der Geschmack der reinen Natur aus extensiver Weidewirtschaft und schonender Düngung. „Die Mischung macht's", sagt Fuchs. Der gelungene Drittelmix, denn für einen guten Käse ist zu je einem Drittel der Landwirt, die Kuh und der Käser verantwortlich. Spielweger Bergkäse, Obermünstertaler Weichkäse und aus der anfallenden Molke kommt der Frischkäse in Asche gewälzt – die landschaftstypischen, im Münstertal erzeugten Sorten.

Der Hausberg des Markgräflerlandes ist der Blauen mit seinem Aussichtsturm. Von 1164 Metern Höhe hat man einen schönen Rundumblick auf den Schwarzwald, die Vogesen, den Rhein und natürlich die Weinberge. Hier wächst unter anderem der Gutedel, die älteste bekannte kultivierte Rebsorte. Sie gelangte auf verschlungenen Pfaden ins Markgräflerland, denn ihr Ursprung liegt in Oberägypten. Von dort brachten die Phönizier die Rebsorte über Griechenland, das Rhonetal bis in die Schweiz nach Vevey, wo sie übrigens „Fondant" heißt. Markgraf Friedrich von Baden entdeckte diesen Wein und sorgte dafür, dass er in Südbaden heimisch wurde.

Lauwarmer Rheinzander in Fliederessig mariniert

REZEPT

Zutaten für 4 bis 6 Personen

2 ganz frische Zander
(als Vorspeise ca. je 100 g Zanderfilet
als Hauptgericht ca. je 190 g Zanderfilet)
Salz und Pfeffer aus der Mühle
1 Eiweiß
Basilikum, Fenchelhaare, Muskatellersalbei, Ringelblumen, Borretschblüten, Dahlien
Butter zum Anbraten
Fliederessig

Zubereitung

Den ganzen Zander ausnehmen, waschen, filieren, nochmals unter heißem Wasser säubern. Das Zanderfilet trocken tupfen, mit Salz und Pfeffer würzen und mit einem Pinsel etwas Eiweiß auf das Filet streichen. Kräuter und Blüten nach Geschmack zum Würzen auf das Filet legen.

Filet in schäumender heißer Butter sanft anbraten. Hausgemachten Fliederessig (Holunderblütenessig oder Bauernfliederessig) in eine flache Schüssel mit Rand geben, heißes Filet darin marinieren, kurz ziehen lassen und servieren. Nochmals mit frischen Kräutern und Blüten garnieren.

Rezept von Lothar und Walburga Koch, „Gasthaus zum Kaiserstuhl"

Das Münster St. Stephan in Breisach mit dem Eckartsberg

Wir kehren an den Rhein zurück, streifen dabei das beschauliche Burkheim. Eng und winklig lockt es Touristen, Maler und Kunsthandwerker. In Breisach genießen wir den überwältigenden Blick vom Münster St. Stephan, das die Festungsstadt überragt. Einen längeren Aufenthalt gönnen wir uns in Niederrotweil mit seiner sehenswerten Kirche St. Michael. Im Inneren erwartet uns großartige Schnitzkunst und die älteste Orgel im Breisgau. Ihre Prospektpfeifen wanderten allerdings 1917 in die Metallsammlung. Die Reste des barocken Stücks wurden erst 60 Jahre später auf dem Kirchenspeicher gefunden. Heute sind sie – wie auch der Altar – sorgfältig restauriert. Und beim Anblick der wieder frei gelegten Fresken dürfte das Herz eines jeden Kunstfreundes höher schlagen.

Auf den Freund kulinarischer Genüsse wartet in Niederrotweil das „Gasthaus zum Kaiserstuhl". Bei Walburga und Lothar Koch wird der Rheinzander – eigentlich ein stachliger und grätenreicher „Zeitgenosse" – zur Spezialität. Für uns bereiten sie den Fisch in Fliederessig mariniert zu.

Das Hauptthema im Hause Koch sind allerdings die Kräuter. Allein in ihrem ungezähmten Garten wachsen über 70 Arten wie Ehrenpreis und Muskatellersalbei, vietnamesischer Koriander oder Weinraute. Anfang der achtziger Jahre, also noch vor der „Ökowelle", revolutionierte das junge Ehepaar mit den aus dieser Fülle erwachsenden Ideen die Küche am Kaiserstuhl. Die beiden mussten anfangs manchen Spott und manch harschen Kritiker ertragen, der keine Blumen im Essen sehen wollte. Sie bleiben dennoch bei ihrem Konzept und erfinden für die farbenfrohen Arrangements blumenreiche Wortschöpfungen für die Speisekarte. Auch der Gewölbekeller des Hauses ist reich an Experimenten mit Blumen und Kräu-

Lammrücken aus der Region mit weißen Bohnen, Tomaten, Sommertrüffeln und Graupenrisotto

REZEPT

Zutaten für 4 Personen

Lammrücken: 1,5 kg Lammrücken (beim Metzger vorbestellen u. zuschneiden lassen); Salz und Pfeffer aus der Mühle; je 1 Rosmarin- und Thymianzweig
Sauce: 200 g Lammknochen; 2 Zwiebeln; 2 Karotten; etwas Lauch, Sellerie, Rosmarin, Thymian, Knoblauch; 1 Lorbeerblatt; 1 EL Tomatenmark; 0,5 Liter Bischoffinger Rotwein; Lammbrühe zum Auffüllen
Die fertige Lammsauce mit Olivenöl montieren.
Graupenrisotto: 200 g Graupen; 20 g klein geschnittene Schalotten; Kalbsbrühe; Würfelchen von Karotten und Sellerie; Butterflocken; geriebener alter Parmesan
Weiße Bohnen: 150 g weiße Bohnen in Salzwasser mit Kräutern gekocht und in Kräuter-Olivenöl eingelegt
Tomaten: abziehen, entkernen, auf dem Backblech mit Aromaten 2 Stunden bei 88 Grad im Ofen trocknen
Trüffeln: 50 g Sommertrüffeln

Zubereitung

Lammrücken: Salzen, pfeffern, in heißem Olivenöl rundum anbraten, Thymian- und Rosmarinzweig zugeben und in den 180 Grad heißen Backofen 10 Minuten schieben. Temperatur ausstellen und 3 Minuten ruhen lassen.
Graupenrisotto: Schalotten in Olivenöl anschwitzen, abgespülte Graupen hinzugeben, mit Kalbsbrühe immer wieder auffüllen (wie beim Risotto). Kurz vorher garende Karotten- und Selleriewürfel zugeben, mit Butterflocken und Parmesan cremig abziehen.
Anrichten: Bohnen und Tomaten in der Tellermitte anrichten, Lammsauce angießen, Lammrücken aufschneiden und dekorativ auf dem Teller verteilen. Sommertrüffeln auf den Teller hobeln, evtl. Kräutersträußchen und Kapuzinerkresse anlegen. Das Graupenrisotto apart reichen.

Rezept von Thomas Wernet, Restaurant „Steinbuck"

Landschaft am Kaiserstuhl

tern, ob Fliederessig, Bärlauchpesto oder Variationen mit Holunder.

Inspiration für Köche und Künstler

Der Kaiserstuhl ist Deutschlands wärmste Gegend, ein Garten Eden für Leckermäuler wie sportlich Versierte. Täglich trifft man Thomas Wernet so gegen drei Uhr am Nachmittag. Der Koch des Restaurants „Steinbuck“ in Vogtsburg-Bischoffingen durchstreift auf dem Fahrrad die schönsten Ecken dieser Weinbauregion – für ihn „Abspeck-Training“, aber auch Inspiration. Der gebürtige Badener lässt das Brot von seiner Schwiegermutter backen, die Gemüsesorten bezieht er von einem Gut im Kaiserstuhl, das Wild von einem Jäger aus der Region, genauso Fleisch und Geflügel. Lediglich die Meerestiere kommen vom Fachhändler aus Frankreich. Und dann zaubert er. Für uns einen „Lammrücken mit weißen Bohnen, Tomaten, Sommertrüffeln und Graupenrisotto“.

Die Terrasse des „Steinbucks“ geht fast nahtlos in die angrenzende gleichnamige Weinbergslage über, eine der besten des Kaiserstuhls. Hier treffen wir Franz Schmidt. Der Haupterwerbswinzer und Vizepräsident des badischen Weinbauverbandes will zusammen mit seinen Kollegen das Image des deutschen Weines verbessern. Längst bauen die Weinmacher fast alle Produkte trocken aus. Und die Winzer besinnen sich wieder auf Traditionen. Grand cru, große Lage, für Grauburgunder vor allem, wächst hier auf vulkanischem Verwitterungsgestein, das dem Wein schmeckbare Mineralien verleiht. Südländische Temperaturen machen die edlen Tropfen auch international konkurrenzfähig.

Nach dem kleinen Vortrag über die Vorzüge des heimischen Weins begleiten wir Franz Schmidt in seinen Weinkeller. Hier zeigt er uns eine alte Methode, die trüben Partikel des Weines zu klären – mit geschlagenem Eiweiß. Dieser Aufwand lohnt sich nur für Weine, die ein erwartbares, hohes Alterungspotential in sich tragen.

Um im Weinbau zu überleben, muss man nicht nur mit Qualität, sondern auch mit Originalität auffallen. So finden sich auf den Schmidtschen Erzeugnissen ganz besondere Weinetiketten. Entworfen hat diese die Künstlerin Beate Wiedemann. Ein Blick in ihr Atelier zeigt uns, dass sie neben den filigranen Arbeiten auch die größeren Formate schätzt. Beate Wiedemann schöpft bei der Wahl ihrer Motive wie die Köche, Winzer und Bauern aus dem Naturfundus am und im Rhein. Ihr Motiv ist der Zander – fast schon ein Stück Philosophie für die Malerin.

Wir beenden unsere Reiseetappe auf Burg Sponeck, auf den westlichsten Ausläufern des Kaiserstuhls. Schon zu spätrömischer Zeit stand hier ein Kastell. Die Alemannen vertrieben die Römer und alle nachfolgenden Herrscher waren begierig, von hier aus den strategisch wichtigen Rhein zu sichern. Archäologen haben den kleinen Rest eines Merowinger Turms frei gelegt.

Wie viele andere hat auch die Burg Sponeck eine turbulente Geschichte mit wechselnden adligen Besitzern hinter sich, bis 1917 der Maler Hans Adolf Bühler das Anwesen kaufte. Seine Nachfahren richteten den im Zweiten Weltkrieg schwer beschädigten Turm wieder auf. Relikte blieben als Mahnmale. Viele Bühlersche Bilder entstanden mit der unvergleichlichen Aussicht auf den Rhein und das nahe Elsass.

Dieser Beitrag beruht auf der Grundlage des Films von Michaela Funk.

Adressen

Hotel Restaurant Adler
Hauptstraße 139
79576 Weil am Rhein
Tel.: 07621-98230

Gasthaus Zum Hirschen
Haltingen
Große Gaß 1
79576 Weil am Rhein
Tel.: 07621-9407860

Gasthaus Krone
Familie Cassier
Müllheimer Str. 6
79418 Schliengen-Mauchen
Tel.: 07653-9899

Gasthaus zum Kaiserstuhl
Lothar und Walburga Koch
79235 Niederrotweil
Tel.: 07662-237

Blauel's Restaurant
Bertram Blauel
Zähringer Straße 13
79395 Neuenburg am Rhein
Tel.: 07631-79666
Fax: 07631-79667

Hotel Steinbuck
Familie Wernet
Steinbuckstraße 20
79235 Vogtsburg-Bischoffingen
Tel.: 07662-91121-0
Fax: 07662-6079
www.hotel-steinbuck.de

Käserei im Hotel Spielweg
Karl-Josef Fuchs junior
Romantik Hotel Spielweg
Spielweg 61
79244 Münstertal
Tel.: 07636-7090

Restaurant Schwarzer Adler
Badbergstr. 23
79235 Vogtsburg
Tel.: 07662-9330-10

Vitra Design Museum
Charles Eames Straße 1
79576 Weil am Rhein
Tel.: 07621-702-3578

Straßburg und das Unterelsass

Für unsere nächste Etappe wechseln wir erneut die Rheinseite. Zwischen Sélestat und Seltz lässt sich all das genießen, was das Elsass kulinarisch ausmacht. Der Flammkuchen, Sauerkraut, Fisch, Käse, Wein ... Die Region ist aber auch reich an sehenswerten Bauwerken – vom Fachwerkhaus bis zur imposanten Burg.

Das „Geheimnis" der Kräuter

Die Gegend rund um Straßburg wird nicht nur vom Rhein, sondern auch von zahlreichen Zuflüssen durchzogen. Dementsprechend groß ist die Tradition des Fischereihandwerks. Bis in die 50er-Jahre lebten Hunderte Menschen vom Fischfang. Es gab sogar eine Fabrik, in der Fischfilets hergestellt wurden. Für uns lässt die Familie Ebel aus Wantzenau noch einmal die Erinnerung an jene Zeiten aufleben. Sie betreibt die Fischerei mittlerweile seit fünf Generationen. Schollen, Gründlinge, Rotaugen, Hechte, Schleien, Barsche und Aale gehören zu den Fischen, die ihren Broterwerb sichern.

Doch die Flüsse bescheren der regionalen Küche nicht nur diese Leckerbissen. An den Ufern wachsen unzählige Kräuter. Wir besuchen Jean Albrecht, der diese Vielfalt für sein in Rhinau nahe Sélestat gelegenes Sternerestaurant „Le Vieux Couvent" entdeckt hat. Schon der Vater hat den kleinen Jean losgeschickt, um Kräuter für den Tee zu sammeln. Die Kindheitserinnerungen kamen zurück, als der sich für das Kochen zu interessieren begann.

Jean Albrecht kocht zusammen mit seinen Söhnen Cyril und Alexis. Die Erfindung neuer Geschmacksrichtungen ist für das Trio jedes Mal eine kulinarische Herausforderung. Für uns bereiten sie ein Schwertfischcarpaccio mit Wildkräutern zu.

Bücher, Brot, Barock

Mit einem kurzen Streifzug durch diese Landschaft sowie das fruchtbare Umland

Die Humanistische Bibliothek in Sélestat

geht es weiter Richtung Sélestat. Unser Interesse gilt der Humanistischen Bibliothek. Sie ist eine der beiden einzigen Bibliotheken Europas, in denen noch alle Bücher erhalten sind. Das Inventar umfasst 3000 Manuskripte, Urausgaben und veröffentlichte Druckschriften vom 7. bis zum 16. Jahrhundert. Außerdem erinnert sie an die erste humanistische Schule Süddeutschlands. Berühmte Humanisten aus dem Rheinland haben dort studiert, so beispielsweise der spätere Reformator Martin Bucer oder Beatus Rhénanus, bekannter Historiker und Philologe, der nach seinem Tod die 760 Bände seiner Bibliothek der Stadt vermachte.

Auch im wenige Kilometer entfernten Ebersmunster finden wir kulturelle Abwechslung. Die Abteikirche mit ihren drei Zwiebeltürmen gilt als das schönste Barockgebäude im Elsass. Malereien und Stuckverzierungen im Inneren strahlen Fröhlichkeit aus. Die Orgel stammt aus dem Jahre 1732 und ist ein Meisterwerk des Orgelbauers André Silbermann.

In Ebersheim geht unsere kulinarische Reise weiter. Diesmal steht Brot im Mittelpunkt. Gebacken wird es von Marcel Kientz, der der ältesten Bäckerfamilie Frankreichs angehört. „Seit 1752 backen bei uns die Väter und Söhne“, erklärt er voller Stolz. „Ich habe auch zwei Söhne, die diesen Beruf gewählt haben.“ Das Besondere ihrer Produktion: ein Holzofen, der nur mit Eichenholz befeuert wird. Kientz: „Das gibt einen besonderen Geschmack und das Brot hält sich länger.“

Der „Sauerkraut-Rolls Royce“

Wir verlassen die Backstube und gehen hinaus in eine liebliche Landschaft. Hier gibt es ruhige Gewässer, auf denen sich Schwäne gerne nie-

Zander mit Morcheln

REZEPT

Zutaten für 5 Personen

1 kg Zanderfilet
Salz, Pfeffer
25 g Mehl
25 g Butter
250 g Morcheln
100 g Schalotten
25 g Knoblauch
5 cl Weißwein
25 cl Creme fraîche

Zubereitung

Die Filets in Portionen von ca. 100 g schneiden, salzen, pfeffern und in Mehl wälzen.

Butter in einer Pfanne schmelzen und die Zanderfilets auf beiden Seiten goldgelb anbraten. Danach aus der Pfanne nehmen.

In die Pfanne die sorgfältig gewaschenen und einmal in der Länge durchgeschnittenen Morcheln geben, die Schalotten und den klein gehackten Knoblauch hinzugeben. Anschließend mit Weißwein ablöschen.

Die Zanderfilets wieder in die Pfanne geben und mit den Morcheln auf kleiner Flamme 5 Min. köcheln lassen.

Die Zanderfilets auf einer Platte anrichten.

Die Sauce reduzieren lassen, die Creme fraîche dazugeben und abschmecken.

Die Sauce über die Filets gießen.

Heiß mit frischen elsässischen Nudeln servieren.

Rezept von Philippe Schadt, Restaurant „Chez Philippe", Blaesheim

derlassen, und eine einzigartige Pflanzenwelt. Es ist ein schöner Ort für Spaziergänge, aber auch zum Fischen – wie ihn Philippe Schadt liebt. Seit seinem sechsten Lebensjahr kommt der Meisterkoch hierher. Heute genießt er vor allem wegen seiner Fischgerichte einen herausragenden Ruf. Gourmets aus aller Herren Länder reisen zu seinem Restaurant nach Blaesheim. Schadts Vorliebe gilt Barsch, Rotaugen, Gründlingen, Hechten und – dem Zander, den Küchenchef Denis Vetter mit Morcheln und elsässischem Wein zubereitet.

Noch ein weiteres Produkt der Region gehört in das bevorzugte „Repertoire" von Philippe Schadt: das Sauerkraut. Das „Rohmaterial" wächst quasi vor seiner Haustüre im nahen Krautergersheim. Einige hundert elsässische Landwirte liefern 70 Prozent der gesamten französischen Krautproduktion. 25 Betriebe vermarkten jährlich 30 000 Tonnen Sauerkraut. Einen dieser Betriebe führt Albert Pfleger. „Wir arbeiten noch wie früher", erklärt er. „Will man Qualität, dann muss man das Kraut noch von Hand reiben. Mit Maschinen erhält man nicht das gleiche Ergebnis." Die Handarbeit erhöht natürlich den Preis, was Albert Pfleger rechtfertigt: „Ich produziere den Rolls Royce, ein Sauerkraut für Puristen."

In Straßburg

Das Münster im Blick

Jetzt muss man das Sauerkraut nur noch probieren. Es wird heute vor allem zu verschiedenen Fleisch- und Wurstgerichten aus Schwein serviert. Kaum jemand weiß, dass es im Mittelalter auch zu Fischgerichten gegessen wurde. Im Restaurant „Kammerzell" in Straßburg hat Guy-Pierre Baumann diese kulinarische Tradition wieder aufleben lassen. Genießen lässt sich ein solches Gericht in einem traumhaften Ambiente.

Gefüllte Schweinefüße mit drei Fleischsorten im „Baeckeoffa"

REZEPT

Zutaten für 6 Personen

Terrine: 6 ausgelöste Schweinefüße; je 350 g Schweineschulter, Lammschulter, Rindfleisch (mageres Schulterstück); 300 g Halsgrat vom Schwein (zum Binden); 3 Schweinenetze (vorher in kaltem Wasser einweichen und abtrocknen); verschiedene Gemüse, Gewürze, Kräutersträußchen;
2 Möhren; Weißes einer Porrestange; 1 Stange Sellerie; 1 weißes Rübchen; 3 Zwiebeln; 1,2 kg Kartoffeln, in sehr feine Scheiben geschnitten;
frischer Thymian; 200 g Mehl; etwas Öl
Marinade: Weißwein; Gewürze; Kräuter; 1 EL grobes Salz; 1 TL Pfefferkörner

Zubereitung

Die Schweinefüße mit den drei in Würfel geschnittenen Fleischsorten und dem fein zerkleinerten Halsgrat füllen. Sorgfältig in das Schweinenetz wickeln. Über Nacht im Wein mit den Gewürzen, Kräutern, Salz und Pfeffer marinieren. (Die Marinade aufheben!)

Am nächsten Tag die Schweinefüße im Dampftopf mit dem Gemüse, den Gewürzen und dem Kräutersträußchen 1 Std. lang kochen. Abkühlen lassen. Möhren, Porree, Sellerie und weißes Rübchen putzen; Möhren und Rübchen in Scheiben, Porree in feine Ringe schneiden, den Sellerie grob würfeln. Zwiebeln und Thymian hacken. In einer großen Terrinenform (Keramik, mit Deckel) eine Schicht Kartoffeln, dann eine Schicht gehackte Zwiebeln und Thymian geben. Das Fleisch in die Mitte legen und das Gemüse weiter schichten. Mit der Marinade übergießen. Zum Schluss Möhren, Porree, Sellerie und Rübchen darauf verteilen. Aus Mehl, etwas Wasser und Öl ein Teigband formen und auf den Rand der Keramikform legen. Den Deckel aufsetzen und fest andrücken. Bei 200 Grad 2 Std. in den Ofen schieben, bei 175 Grad fertig backen. Vor dem Servieren das Teigband entfernen.

Rezept von P. Klipfel, „Winstub zum Muensterstuewel"

Das Restaurant befindet sich in einem Gebäude aus dem 16. Jahrhundert mit Mauerfresken und wertvollen Holzfiguren. Der historische Stadtkern von Straßburg im Schatten des Münsters mit seiner 142 Meter hohen Turmspitze bleibt dabei immer im Blick.

Wir nutzen unseren zentralen Ausgangspunkt für die Erkundung Straßburgs. Die beiden Arme der Ill umschließen das historische Zentrum. Ihre Uferanlagen bilden einen schönen Rundweg für kleine Stippvisiten. Wer keine Lust zum Laufen hat, kann an Bord eines Passagierschiffes gehen und das Ganze vom Wasser aus besichtigen.

Straßburg sollte man dennoch zu Fuß erkunden. „La Petite France" mit seinen Fachwerkhäusern, die überdachten Brücken, das Münster, das Rohan-Schloss, Museen wie das Musée d'Art Moderne et Contemporain, die Fußgängerzone – hier spürt man französische Lebensart. Kleine Fachgeschäfte, charmante Restaurants und der Wochenmarkt mit seinen Produkten direkt vom Erzeuger laden zum Essen und zum Bummeln ein.

Die Auswahl im gastronomischen Bereich ist entsprechend groß. Wir kehren im „Muensterstuewel" ein, einer traditionellen Weinstube im Herzen der Stadt. Sie gehört Patrick Klipfel, der lange Zeit Chef eines Sternerestaurants war. Mit seinem Küchenchef Eugène Minges will er nun die elsässische Küche neu entdecken. So hat er den traditionellen „Baeckeoffa" aus drei Fleischsorten mit gefüllten, ausgelösten Schweinefüßen erweitert.

Aus Traditionellem etwas Neues kreieren ist auch das Anliegen eines der bekanntesten Konditoren der Stadt. Thierry Mulhaupt bietet völlig neue Desserts und moderne Variationen herkömmlicher elsässischer Süßspeisen an. Zum

Kürbiscurry mit Orange

REZEPT

Zutaten

Currycreme: 1 TL rotes Pfefferschotenpüree (auch fertig zu kaufen); 3 Knoblauchzehen; 1/2 TL Kurkuma; 1/2 TL klein gehackter Ingwer; 3 rote Zwiebeln, fein gehackt (nur die ersten 3 Schichten!); 1 EL Apfelessig

Kürbiscurry: 1 EL Öl; 500 ml Hühnerbouillon; 1 EL Zwetschgenmus (aus nicht zu reifem Obst); 1 kleiner Kürbis, geschält und in Würfel geschnitten; 2 kleine Möhren, in Würfel geschnitten; 2 kleine gelbe Paprika, in Würfel geschnitten; 2 TL Fischsauce „NAM PLA" (in Asiengeschäften erhältlich); 3 Stück Würfelzucker; Saft von 2 Limonen; Schale und Saft von 3 Orangen; Salz, Pfeffer; evtl. einige Kapuzinerkresseblüten zum Garnieren

Zubereitung

Currycreme: Alle Zutaten in einen Mixer geben und durchmixen (oder im Mörser zerstampfen) bis eine Creme entsteht.

Kürbiscurry: Öl in eine Teflonkasserolle geben und erhitzen. Die Currycreme darin auf kleiner Flamme 10 Min. köcheln lassen, damit sich das Aroma entfalten kann. Die Hühnerbrühe und das Zwetschgenmus dazugeben und zum Kochen bringen. Die Kürbis- und Möhrenwürfel dazugeben und auf mittlerer Flamme kochen lassen. Wenn der Kürbis fast gar ist, Paprika, Fischsauce, Zucker, Orangen- und Limonensaft dazugeben und ca. 5 Min. köcheln lassen, damit sich die Aromen gut verteilen. Salzen und pfeffern.

Das Curry in eine Suppentasse füllen und mit in feine Streifen geschnittenen Orangenschalen und evtl. Kapuzinerkresseblüten garniert servieren. Dazu passt Reis.

Rezept von René Fieger, „Le Relais de la Princesse Maria Leczinska", Marienthal

Beispiel den Zwetschgenkuchen. In klassischer Schönheit taucht er bereits 1539 in einem Rezeptbuch auf. Seither ist er für die Elsässer das Nationaldessert. Thierry Mulhaupt ersetzt den Hefeteig durch einen Mürbeteig, fügt eine dünne Schicht Mandelcreme und eine Lage Eiercreme hinzu. Nach dem Backen krönt er seine neue Variante mit Zimtstreusel und Kandiszucker.

Flammkuchen und frisches Bier

Etwa 20 Kilometer westlich der elsässischen Hauptstadt liegt die Region Kochersberg. Im Mittelalter war diese landwirtschaftlich geprägte Region der Kornspeicher des Elsass. Heute haben endlose Maisfelder die so genannte „Bocage“ abgelöst. Doch weit weg von der schnell fortschreitenden Vereinheitlichung, pflegen einige noch ihre Einzigartigkeit – so zum Beispiel Willy Hagmeyer. Er ist seit 20 Jahren Schnapsbrenner und der einzige im Elsass mit einer eigenen Obstplantage. So weiß er immer, wo die Rohstoffe für seine Schnäpse heranwachsen.

Ein paar Kilometer weiter arbeitet Daniel Lauth in Scharrachbergheim seit 1997 ebenfalls auf seine ganz eigene Weise. Bis auf eine Ausnahme sind die heimischen Brauereien Ableger multinationaler Firmen. In Daniel Lauths Brauerei wird das Bier noch nach guter handwerklicher Tradition hergestellt. Es wird weder gefiltert noch pasteurisiert und enthält frischen Hopfen.

Das Bier geht im familieneigenen Restaurant über die Theke. Hier stoßen wir auch endlich auf den typisch elsässischen Flammkuchen. Er besteht aus einem dünnen Brotteig, Quark, Sahne, Speck und Zwiebeln. Früher gab es Flammkuchen einmal in der Woche, wenn Brot gebacken wurde. Die Teigabfälle wurden direkt auf heißen Steinen gebacken und mit heißer Holzkohle aus Weinstöcken abgedeckt. Üblicherweise trank man dazu Bier, Silvaner oder Riesling. Puristen mögen den Flammkuchen auch gerne mit einem kräftigen Schluck Kirschwasser.

In Mittelhausen treffen wir noch eine weitere Persönlichkeit, die etwas zur Speisekarte der Region beisteuert. Bernhard Kolb züchtet Weinbergschnecken. Früher in der Tourismusbranche tätig, zieht er heute im Jahr 600 000 Weinbergschnecken groß. Diese drei bis vier Tonnen haben dazu beigetragen, aus dem Elsass die größte französische und eine der weltweit bedeutendsten „Schneckenzuchtregion“ zu machen.

Auf dem Marnekanal kehren wir zum Rhein zurück. Solche Fahrten sind eine Attraktion. Heute schippern rund 200 000 Ausflugsboote auf dem Fluss. Damit wurde Straßburg zum zweitgrößten Binnenhafen Frankreichs. Und so haben wir am Ende unserer Etappe die Gelegenheit, Einblick in das Familienleben zweier „Reisender“ zu nehmen. Es sind Vater und Sohn Fieger. Vater Antoine ist Schiffer und schwärmt im neuen Schifffahrtsmuseum Offendorf von den Vorzügen seines Berufes.

Während er die Gewässer erkundet, bringt Sohn René mit seinen Kochkünsten die Welt nach Marienthal. In seinem Restaurant bereitet er den frisch gefangenen Barsch auf asiatische Art zu, verwendet Seitlinge und Shitake-Pilze. Sojasauce, ein wenig Knoblauch, Ingwer und vergärte Schwarzbohnen. Zum Schluss etwas Koriander und chinesische Petersilie … Regionale Produkte und die Internationalität rund um den Rhein verschmelzen zu einem neuen kulinarischen Genuss.

Dieser Beitrag beruht auf der Grundlage des Films von Francis Guthleben.

Ein Ausflugsboot auf dem Marnekanal

Adressen

Winstub zum Muensterstuewel
8, Place du Marché aux Cochons au Lait
F-67000 Strasbourg
Tel.: 0033-388-321763
Fax: 0033-388-219602

Le Relais de la Princesse Maria Leczinska
1, rue de Rothbach
F-67500 Marienthal
Tel.: 0033-388-934348

Chez Philippe
8, Place de l'Eglise
F-67113 Blaesheim
Tel.: 0033-388-688600

Restaurant Le Vieux Couvent
6, rue Chanoines
F-67860 Rhinau
Tel.: 0033-388-746115
Fax: 0033-388-748919

Pâtisserie Mulhaupt
18, rue du Vieux Marché aux Poissons
F-67000 Strasbourg
Tel.: 0033-388-231502
Fax: 0033-388-226017

Boulangerie M. Marcel Kientz
5, rue des Sangliers
F-67600 Ebersheim
Tel.: 0033-388-857284

Restaurant Kammerzell
16, place de la Cathedrale
F-6700 Strasbourg
Tel.: 0033-388-324214
baumann@maison-kammerzell.com

Restaurant Lauth et Fils
82, rue Principale
F-67310 Scharrachbergheim
Tel.: 0033-388-506605
Fax: 0033-388-506076

Bernard Kolb Escargots
3, rue Roses
F-67170 Mittelhausen
Tel.: 0033-388-514033
Fax: 0033-388-514756

Distillerie Artisanale Hagmeyer
119, rue Principale
F-67310 Balbronn
Tel.: 0033-388-503899

Bibliothèque Humaniste
1, rue de la Bibliothèque
Sélestat
Tel.: 0033-388-920324

Musée de l'Oeuvre Notre Dame
3, place Château
F-67000 Strasbourg
Tel.: 0033-388-328817

Musée de la Batellerie
Quai des Bateliers
F-67850 Offendorf
Tel.: 0033-388-968002

Von der Ortenau bis Mannheim

Unsere Reise am Rhein setzen wir in Rust fort. Wegen seines großen Bekanntheitsgrades dürfte der Europapark wohl der fröhlichste Ort am Oberrhein sein. Drei Millionen Besucher aus allen Ländern zählt man hier pro Saison. Wenige Kilometer im Landesinnern treffen wir auf die Ausläufer des Schwarzwaldes. In der Nähe von Hausach empfängt uns eine eigene Bauernkultur. Majestätisch und einladend präsentieren sich strohgedeckte Holzhäuser aus alter Zeit. heute gehören die Anwesen zum Schwarzwälder Freilichtmuseum „Vogtsbauernhof“, das sich der Erforschung und Weitergabe von Brauchtum verschrieben hat. Wir lassen uns von Freizeit-Schauspielern in Tracht altes Handwerk und die große Palette traditionell zubereiteter, heimischer Produkte zeigen.

Kleine Rösterei ganz groß

In den Zuflüssen zum Rhein, in kristallklarem Wasser ist die Bachforelle zu Hause. Aber nicht nur die Harmersbacher Forelle ist bekannt, auch drei Schweine haben Berühmtheit erlangt. Bei ihnen im Stall wurde auf einer Durchreise 1376 der König von Böhmen versteckt, um ihn vor einer Horde wilder Soldaten zu schützen. Zum Dank für seine Rettung erhielt Harmersbach die Reichsfreiheit und der Schweinsbauer wurde Reichsvogt. Noch heute darf der Gemeinderat im Gasthaus „Stube“ tagen und auf Kosten des Wirtes essen und trinken. Aus Ehrfurcht vor den Schweinen gibt es für uns Bachforelle, mal „blau“, mal in „Müllerin“-Art zubereitet.

Auf der Weiterfahrt kommen wir am Schloss Ortenberg vorbei, eine der schönst gelegenen Jugendherbergen der Ortenau. Den nächsten längeren Halt legen wir in Offenburg ein, dessen Name nicht zuletzt durch den Sitz des Medienkonzerns Burda bekannt ist. Ihre Weinberge machen die Stadt zum Besitzer des größten kommunalen Weingutes am Oberrhein. Die Stadt selbst hat seit ihrer Gründung im 12. Jahrhundert stets eine bedeutende Rolle gespielt und war oft heiß umkämpft. So lie-

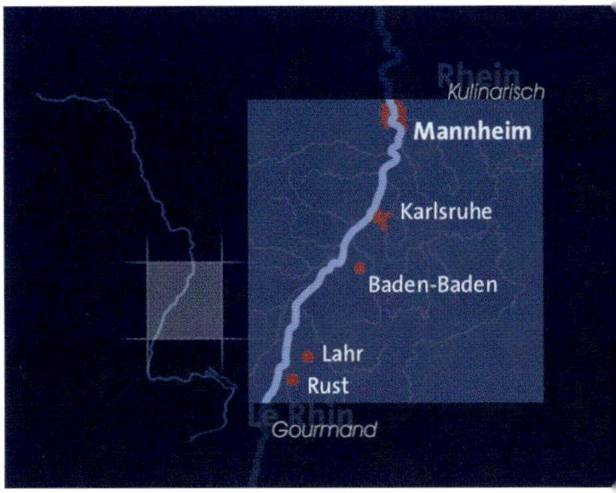

Vogtsbauernhof aus dem Jahr 1612

ßen die Folgen zahlreicher Kriege kaum ein Gebäude aus alter Zeit zurück. Nur das 1647 erbaute Kapuzinerkloster ist erhalten geblieben. Ansonsten findet man barocke und klassizistische Bauten im Stadtzentrum.

Wir bummeln über den Offenburger Markt und genießen im Anschluss eine Tasse aromatischen Kaffees. Einst war Offenburg bekannt für 56 Röstereien. Heute gibt es nur noch die von Pfund & Heck. Die beiden Jungunternehmer können sich vor Bestellungen kaum retten. Trotzdem wollen sie ihre Firma nicht vergrößern, weil sie ihre hohen Qualitätsstandards in Sachen Röstfrische und selbst komponierter Kaffeesorten nicht aufgeben wollen. Und so kann es diese kleine Rösterei mit den Giganten der Branche jederzeit aufnehmen.

Obst – und was man daraus zaubern kann

Oberkirch, die Stadt des Obstes und der Beeren, liegt am Eingang des Renchtals. Hoch über den Dächern grüßt die Schauenburg. Einst ein machtstrotzender Besitz der Schauenburger ist sie heute Erinnerungsstätte an den größten Romancier des Spätmittelalters: Hans Jakob Christoph von Grimmelshausen. Er stand als kluger Verwalter in den Diensten der Schauenburger, als er „Simplicius Simplicissimus", den Abenteuerroman aus dem Dreißigjährigen Krieg, schrieb.

In der Stadt sollte man es nicht versäumen, während der entsprechenden Jahreszeit im Hotel „Obere Linde" ein Stück Zwetschgenkuchen zu essen – ein vorzüglicher Gaumenschmaus. Wir machen uns auf den Weg zur Konditorei Gmeiner, die in der gesamten Region für ihre Backwerke bekannt ist. Die täglich frisch aufgebaute Schwarzwälder Kirschtorte ist schlichtweg ein „Gedicht".

„Bach-Forelle Müllerin"

REZEPT

Zutaten für 4 Personen

4 Bachforellen (ca. 300 g)
Salz und Pfeffer aus der Mühle
Saft von 1 Zitrone
100 g Mehl
130 g Butterschmalz
130 g Butter
1 kleine, gehackte Zwiebel
etwas gehackte Petersilie

Zubereitung

Bachforellen ausnehmen und unter fließendem Wasser gründlich ausspülen. Mit Salz, Pfeffer und Zitronensaft würzen, anschließend in Mehl wenden und in Butterschmalz bei mittlerer Hitze braten. Löst sich die Rückenflosse leicht, ist die Forelle gar (Garzeit: ca. 10 Min.). Bratfett abschütten. Butter mit Zwiebel und Petersilie goldbraun erhitzen. Bachforellen anrichten und mit brauner Butter übergießen. Dazu gibt es Dampfkartoffeln.

Weinempfehlung: Riesling trocken, Spätlese, Steinberg, WG Durbach

Rezept von Christoph Schäck, Hotel-Restaurant „Zur Stube, zum Sternen und zu den drei wilden Schweinsköpfen"

Ruine Schauenburg in Oberkirch

Sein Kirschwasser bezieht Konditormeister Gernot Gmeiner von einem privaten Schnapsbrenner aus nächster Nähe, seinem Freund Hubert Vogt. Über 7000 Brennrechte sind in der Region am Oberrhein vergeben und werden von Generation zu Generation vererbt. 891 Brennereien gibt es allein in Oberkirch.

Eine gesunde Siegestrophäe

Bevor wir weiter dem Rhein folgen, klopfen wir im Schwend über dem Rheintal beim Jungbauern Jülg an. Seine Spezialität ist die Fischzucht, vor allem Saibling, der „Lachs der Berge". Er beliefert auch die Stammkundschaft des Restaurants „Rebstock" in Waldulm. Hier versteht es Karl Hodapp vorzüglich, die badische Küche mit einheimischen Produkten zu verbinden, ohne auf die Vorzüge anderer Regionen zu verzichten. Wir meinen: Dieses Hotelrestaurant ist reif für jeden Gourmetführer.

Unseren Streifzug durch das oberrheinische Paradies der Ortenau setzen wir mit dem Besuch in Rastatt fort. Hier residierte vor gut 300 Jahren Markgraf Ludwig Wilhelm von Baden. Er war ein erfolgreicher Feldherr, der in fernen Donaulanden die Türken vernichtend schlug. Er war aber auch ein Genießer und brachte von dort als Siegestrophäe den Meerrettich mit, dessen ätherische Öle seine Soldaten vor Erkältungskrankheiten schützten. Im sandigen Überschwemmungsgebiet der Rheinauen lebt nun das Meerrettichdorf Urloffen hauptsächlich von dieser jahrtausendealten Heilpflanze.

In der so genannten „Meerrettichstube" versteht es der Wirt Erich Gaukel hervorragend, mit dem Wurzelgemüse verschiedene Gerichte anzubieten: Meerrettich mit Rindfleisch und Petersilienkartoffeln, Rumpsteak mit Meer-

Filet vom Rheinzander in der Kartoffelkruste

REZEPT

Zutaten für 1 Person

1 frisches, enthäutetes Zanderfilet
Salz und Pfeffer
2 mittelgroße rohe Kartoffeln

Zubereitung

Das Zanderfilet auf beiden Seiten würzen. Die rohen Kartoffeln raspeln (wie Rösti) und um das Zanderfilet geben. Den ummantelten Fisch in Sonnenblumenöl goldgelb auf beiden Seiten braten (ca 5 Min. je Seite).
Das fertige Fischfilet auf Rieslingsauce und Blattspinat servieren.

Rezept von Wolfgang Nagel, Restaurant „Nagels Kranz"

rettichsauce, Salatplatte mit Meerrettich und Kraut und als Vorspeise eine Meerrettichsuppe mit Fleischklößen – das Beste natürliche Rezept gegen Bronchitis, Husten und Heiserkeit.

Höfischer Glanz und höllische Motoren

Karlsruhe: Die prächtige Schlossanlage war ein Traum des Markgrafen Wilhelm und entstand 1715 als hölzerne Kopie des französischen Versailles. Sein Nachfolger Carl-Friedrich, der bis 1811 regierte, erbaute das Schloss in Stein und fügte den Schlossgarten hinzu. Er war der eigentliche Bauherr der Stadt. Sein Baumeister Friedrich Weinbrenner entwickelte den Baustil des Klassizismus bis zur Vollendung, wie ihn kaum eine andere Stadt vorweisen kann. An zahlreichen Gebäuden ist seine Handschrift zu erkennen.

32 Straßen laufen direkt auf das Wahrzeichen von Karlsruhe zu: die Pyramide. Einem griechischen Tempel gleicht die evangelische Stadtkirche mit ihrer von korinthischen Säulen getragenen Vorhalle. Römisch dagegen wirkt die katholische Stefanienkirche. Neu hinzugekommen als bemerkenswertes Gebäude der Neuzeit ist der Bundesgerichtshof. Er gibt der Stadt heute ihre Bedeutung.

Die Karlsruher lieben eine gepflegte Gastlichkeit. Über 1200 Restaurants, Gaststätten, Bistros, Bars und Cafés laden ein. Ein Geheimtipp: Neureut, Hauptstraße, ganz in der Nähe des Rheins. Hier bietet Wolfgang Nagel im historischen Restaurant „Kranz" eine regionale Küche für Genießer. Wir haben das Vergnügen, bei ihm die Zubereitung des Zanderfilets in Kartoffelkruste zu erleben. Ein einfaches, aber äußerst delikates Fischgericht. Einen Teil seines „Geheimnisses" teilt er mit Dr. Götz Kuhn. Der Berufsfischer, der im Fischwesen promoviert hat, liefert den täglichen Bedarf an Rheinfischen.

Wildente auf Rahmsauerkraut

REZEPT

Zutaten

1 Wildente, gerupft und gesäubert; Salz und Pfeffer; 1 Rosmarinzweig

Füllung: 60 g Butter; 2 E-Schalotten gewürfelt; 1/2 Knoblauchzehe; 1 Messerspitze Rosmarin, 1 Messerspitze Thymian, 1 EL geschnittene Blattpetersilie; 150 g Wildentenfleisch; 1 Brötchen, eingeweicht; 1 Ei; Salz und Pfeffer

Sauerkraut: 1 EL Entenschmalz; 2 E-Schalotten, gewürfelt; 200 g Sauerkraut; 1/4 l Weißwein; 1/4 l Geflügelbrühe; 1 Lorbeerblatt, 2 Wacholderbeeren, Salz und Pfeffer; 1/8 l Sahne; 1/8 l Creme Fraîche; Trüffelöl

Zubereitung

Füllung: Die Butter zerlaufen lassen und die E-Schalotten glasig anschwitzen. Nun die Knoblauchzehe und die frischen Kräuter hinzugeben, kurz durchschwenken und zusammen mit dem Wildentenfleisch, der Zwiebel-Kräutermischung und dem ausgedrückten Brötchen durch die grobe Scheibe des Fleischwolfes lassen. Das Ei hinzugeben und abschmecken.

Wildente: Die Wildente nochmals nachsäubern und auswaschen. Nun mit der vorbereiteten Füllung stopfen und verschließen. Mit Salz und Pfeffer einreiben, links und rechts auf den Keulen anbraten und mit dem Rosmarinzweig im Backofen bei 180 Grad ca. 35 Min. braten.

Sauerkraut: Das Entenschmalz zerlaufen lassen und die E-Schalotten glasig anschwitzen. Nun das Sauerkraut hinzugeben und mit dem Weißwein und der Geflügelbrühe auffüllen, mit den Gewürzen versehen, kochen lassen. Nach ca. 25 Min. das Sauerkraut in ein Sieb schütten und den Fond auffangen. Den Fond fast verkochen lassen und nun die Sahne und die Creme Fraîche hinzugeben. Wiederum einkochen, bis die Flüssigkeit sämig wird. Jetzt das Sauerkraut wieder hinzugeben, nachschmecken und mit etwas Trüffelöl verfeinern.

Als Beilage passt Kräuter-Kartoffelpüree.

Rezept von Volker Anspach, Restaurant „Die Ente"

Schloss und Gartenanlage Schwetzingen

Unser nächstes Ziel ist Hockenheim – erst auf den zweiten Blick die Station einer kulinarischen Rheinreise. Die kurpfälzische Stadt verdankt ihre heutige Bekanntheit dem Motodrom. Hunderttausende Besucher strömen jedes Jahr in die Rennstadt, die aber auch sonst noch einiges an Sehenswürdigkeiten aus ihrer 1200-jährigen Geschichte zu bieten hat: eine katholische Kathedrale im Jugendstil, eine geräumige, hochmoderne Stadthalle, ein neues Rathaus in Backstein und von besonderer barocker Seltenheit: die evangelische Kirche.

Bevor hier die Motoren lärmten, machte sich bereits die Tabakindustrie von Hockenheim einen großen Namen. Heute steht hier zur Erinnerung das erste Tabakmuseum in Baden. Inzwischen sorgt ein anderes Gewerbe für großes Aufsehen, das man eher in die Alpen als in der Rheinebene vermutet hätte. Die einzige Käsemanufaktur im Umkreis von 250 Kilometern kann hier besichtigt werden. Lothar Müller genießt den Ruf als „Käsepapst“. Er hat von Grund auf alles Wissenswerte gelernt und verarbeitet pro Woche 10 000 Liter biologisch einwandfreie Milch, die er von Vertragshöfen aus nah und fern bezieht.

Das königliche Gemüse

Nicht weit von Hockenheim liegt Schwetzingen, die Perle der ehemaligen Kurpfalz. Das Schloss mit der wunderschönen Gartenanlage im Barock- und Rokokostil wurde von dem Kunstliebhaber Kurfürst Karl Theodor gebaut. In die Sommerresidenz wurden Gesellschaften eingeladen, Musiker durften aufwarten, Künstler zeigten ihr Können. Und es wurde getafelt – vor allem Wildgerichte kamen auf den Tisch, die allerdings das „Produkt“ grausamer Jagden waren.

In seinem Erntegarten züchtete der Kurfürst ein „königliches Gemüse", das seit dem Altertum bekannt war und über Frankreich nach Schwetzingen gebracht wurde: Spargel. Die Gärtner des Kurfürsten erkannten sehr schnell die ideale Sandbodenbeschaffenheit für diese Pflanze und kultivierten sie. Heute gelten Schwetzingen und sein Umland als die Spargelmetropole Deutschlands. Im Spargelhof Hoffmann verfolgen wir den Weg des königlichen Gemüses von der Ernte bis zur verkaufsfertigen Ware.

Wer nach Motodrom und Schlossbesuch wieder etwas Ruhe sucht, der findet sie rund um Ketsch. Denn überall, wo der Rheinstrom begradigt wurde, entstanden aus den alten Wasserschleifen Wasserarme und kleine Inseln, die immer wieder vom Hochwasser überschwemmt und erneuert wurden. Die „Rheininsel" von Ketsch ist ein solches Naturdenkmal am Oberrhein. Mit Resten von natürlichen Auewäldern, Silberweiden, von Lianen überwucherten Eichen, Eschen und Ulmen. Man wähnt sich in den Urwäldern von Südamerika.

Das Altrheingebiet um Ketsch ist ein Paradies für Angler und Jäger. Rotwild und Schwarzkittel fühlen sich in den Auenwäldern zuhause. Tauben, Fasane und Wildenten werden hier gern bejagt. Meist landen sie im Seehotel „Die Ente", wo man sie als Spezialität des Hauses den Gästen serviert. Der Chefkoch bereitet die Wildente zu wie Jagdfasan: mit Weinkraut und glacierten Traubenbeeren auf Kartoffelpüree, garniert mit Beifuß und Rosmarin.

Dieser Beitrag beruht auf der Grundlage des Films von Gustav-Adolf Bähr.

Adressen

Zur Stube, zum Sternen und zu den drei wilden Schweinsköpfen
Sandra und Christoph Schäck
Im Dorf 32
77784 Oberharmersbach
Tel.: 07837-207
www.zur-stube.de

Restaurant Nagels Kranz
Wolfgang Nagel
Neureuter Hauptstr. 210
76149 Karlsruhe-Neureut
Tel.: 0721-705742
www.nagels-kranz.de

Restaurant Rebstock
Karl Hodapp
Kutzendorf 1
77876 Kappelrodeck-Waldulm
Tel.: 07842-9480
www.rebstock-waldulm.de

Gaukels Meerrettichstube
Erich Gaukel
Landstraße 18
77767 Appenweier
Tel.: 07805-2717

Seehotel / Restaurant Die Ente
Am Anglersee
68775 Ketsch
Tel.: 06202-6970

Konditorei Gmeiner
Familie Gmeiner
Hauptstraße 38
77704 Oberkirch
Tel.: 07802-2629

Kaffeerösterei Pfund & Heck
Spitalstrasse 6
77652 Offenburg
Tel.: 0781-9266646

Zur Oberen Linde
Familie Dilger
Hauptstraße 25-27
77704 Oberkirch
Tel.: 07802-8020
Fax: 07802-3030

Tabakmuseum
Im Haus der Stadtwerke
Obere Hauptstraße 8
68766 Hockenheim
Tel.: 06205-51524

Käsemanufaktur Müller
Rathausstr. 36
68766 Hockenheim
Tel.: 06205-6485
www.kaesemanufaktur.de

Spargelhof Hoffmann
Rolf Hoffmann
Schuläckerhof 1
68804 Altlußheim
Tel.: 06205-33127 und 32624

Europapark Rust
77977 Rust
Tel.: 07822/770
www.europapark.de

Schwarzwälder Freilichtmuseum
Vogtsbauernhof
77793 Gutach
Tel.: 07831-93560

Von der Südpfalz bis Rheinhessen

Während sich auf der Wasserstraße Containerschiffe und Schubverbände begegnen, spürt man an den Altrheinarmen in der Südpfalz das fast verschollen geglaubte Eigenleben des Flusses. Die Auwälder sind in dieser Gegend fast so wild wie ein Dschungel und ideale Fischgründe. In der Nähe von Neupotz treffen wir schon am frühen Vormittag die ersten Angler an. Sie stehen hier in Rufweite voneinander entfernt auf ihren Holzstegen, die aus dem dichten Gestrüpp ins Wasser ragen. Heute ist auch Günter Gehrlein mit seinem Kahn unterwegs, um den Aalfang einzuholen, den er in der Küche seiner Gaststätte „Zum Karpfen" im nahe gelegenen Neupotz selbst zubereitet.

Fisch, Saumagen und Dampfnudeln

In der pfälzischen Küche geht es deftig zu. Bekannt geworden ist vor allem der Saumagen. Auch bei Günter Gehrlein bekommt man dieses traditionelle Gericht – oder den „Schiefen Sack", eine volkstümliche Bezeichnung für einen Teller Bratwurst mit Leberknödel und Sauerkraut. Der Fisch steht ebenfalls hoch im Kurs. Günter Gehrlein macht ihn gerne „sauer": Der frittierte Zander oder Karpfen wird über Nacht in Essig und Zwiebeln eingelegt und dann noch einmal gebraten. „Das ideale Gericht für eine Katerstimmung", meint Günter Gehrlein.

Zu unserer nächsten kulinarischen Station sind es nur ein paar Schritte. Das „Lamm" von Manfred Kreger lockt mit feinen Variationen der regionalen Küche. Und da die Zutaten den Pfälzern aufgrund des günstigen Klimas geradezu in den Mund wachsen, erntet Manfred Kreger die Feigen gleich in Nachbars Garten. Mit einem Korb voll der Früchte ist er für seine Küche gerüstet. Hier kombiniert er die Feigen mit Fleisch, Fisch oder Ziegenkäse – kleine Experimente abseits der üblichen Verarbeitung zu Feigen-Likör oder Marmelade.

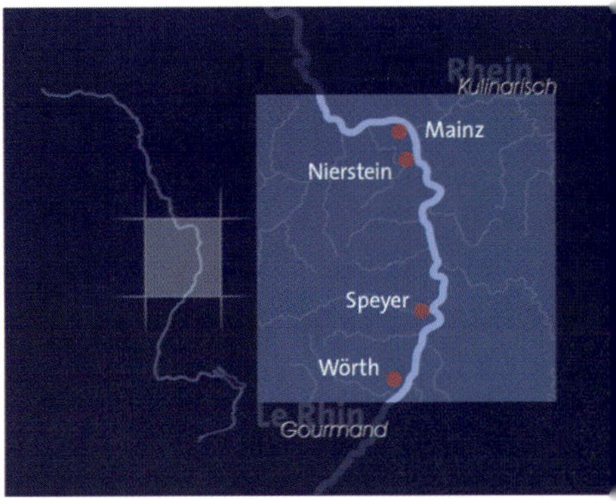

Krone-Chefkoch Karl-Emil Kuntz in seinem Element

Auch im einige Kilometer entfernten Jockgrim leben die Menschen wie in einem riesigen Garten. Die Schrebergärten sind hier etwas größer als anderswo in Deutschland und was darin wächst ebenfalls. Jockgrim selbst ist ohnehin etwas Besonderes. Eine uralte Stadtmauer bildet das Fundament für den Ortskern. Hier stehen die Fachwerkhäuser auf einer lang gezogenen Anhöhe dicht an dicht.

Manche der Einwohner wissen noch, wie man richtige pfälzische Dampfnudeln zubereitet. Ein wahrer Spezialist ist Erhard Neff. In seiner Küche weiht er uns in die hohe Kunst ein. Der einfache Hefeteig ist schnell gemacht. Im Gegensatz zum Rest der Welt mag man in der Pfalz die Dampfnudeln nicht süß, sondern pikant, mit einer Salzkruste. Es ist wichtig, die Pfanne nicht zu früh zu öffnen, damit die Dampfnudeln nicht in sich zusammenfallen. Zu spät dürfe es allerdings auch nicht sein, sonst gebe es „Schwarzwälder", wie Erhard Neff sagt. Zur Dampfnudel reicht er heute einen Zwetschgenkuchen, denn die Kombination süß-pikant ist typisch für die Pfalz.

Tabakblätter und Krautwickel

Deutschlands größte Tabakfelder umgeben Herxheim-Hayna. So sind die hohen Holzscheunen, in denen die Blätter getrocknet werden, nicht zu übersehen. Bei unseren morgendlichen Dreharbeiten begegnen wir einem der erfolgreichsten Köche der Südpfalz: Karl-Emil Kuntz. Er beginnt den Tag mit einem Lauf, denn neben dem Kochen gehört der Marathon zu seinen Leidenschaften.

Als Chefkoch der „Krone" führt Karl-Emil Kuntz eine über zweihundertjährige Familientradition fort. Das Familiäre prägt noch heute den Betrieb.

Wirsing-Krautwickel mit Flusszander in Siebeldinger-Weißburgunder-Sektsauce

REZEPT

Zutaten für 4 Personen

Farce:
100 g Hechtfleisch (ersatzweise Steinbutt oder Zander); Salz; 1 Ei; 100 g Creme Double; Pfeffer aus der Mühle; 3 EL geschlagene Sahne

Zander:
400 g Zanderfilet; Salz; 8 große Wirsingblätter; 40 g Lachs, in dünne Streifen geschnitten; 4 Blätter Bratfolie; Butter

Siebeldinger-Weißburgunder-Sektsauce:
1/4 l Fischfond; 1 EL Creme Fraîche; 0,1 l Weißburgunder-Sekt; 50 g kalte Butter; 1 EL geschlagene Sahne; Salz

Zubereitung

Farce: Das gut gekühlte Hechtfleisch in Stücke schneiden, salzen und im Blitzhacker fein cuttern. Das Ei dazugeben, nach und nach die Creme Double eincuttern. Mit Salz und Pfeffer abschmecken, durch ein Haarsieb streichen und kalt stellen. Anschließend die Sahne unterziehen.

Zander: Den Zander in dünne Streifen schneiden, leicht platieren und salzen. Die Wirsingblätter kurz blanchieren und vom Strunk befreien. Je zwei Blätter auf einem Tuch zusammenlegen und trocken tupfen. Darauf die Zanderscheiben legen und die vorbereitete Farce aufstreichen. Am unteren Rand die Lachsstreifen einlegen und vorsichtig einrollen. In die bebutterte Bratfolie einschlagen und an beiden Enden zubinden. Bei 70 Grad 16 Min. poschieren.

Sektsauce: Den Fischfond auf ein Drittel im geöffneten Topf einkochen. Die Creme Fraîche und den Sekt dazugeben. Die kalte Butter mit dem Pürierstab einarbeiten. Zum Schluss die Sahne unterziehen und mit Salz abschmecken.

Rezept von Karl-Emil Kuntz, Restaurant „Zur Krone"

Kulinarische Stadtführung am Domnapf

Der Service wird von der Ehefrau und der Schwester geleitet, der Schwager erledigt das Management und der Vater macht die Honneurs. Manche Rezeptidee stammt noch aus dem Kochbuch der Oma und wird in der Feinschmecker-Küche der „Krone“ veredelt. Etwas rustikaler geht es in der „Pfälzer Stube“ zu, gewissermaßen die regionaltypisch-gemütliche Abteilung des Restaurants. Verfeinerte Abwandlungen der regionalen Küche gibt es in beiden Teilen der „Krone“. Wir dürfen dem „Meister“ über die Schulter schauen, als er Krautwickel vom Fisch, ein in Wirsingblätter gewickeltes Zanderfilet mit einem Kern von Lachs, zubereitet.

Die kulinarische Stadtführung durch Speyer

Wieder ein Stück flussabwärts machen wir in Speyer Station, um eine kulinarische Stadtführung zu erleben. Dieses Angebot der Kommune hat Stadtführer Bernhard Bump zusammen mit engagierten Speyerer Gastronomen entwickelt. Der Ausgangspunkt der Route liegt auf dem Domplatz, vor der größten romanischen Kirche der Welt. Hier schließen wir uns einer kleinen Gästegruppe an und genießen als Aperitif ein Glas Domwein, den das Restaurant „Domnapf“ reicht. Währenddessen unterhält uns Bernhard Bump mit einer Anekdote über den historischen Domnapf, die große steinerne Schale mitten auf dem Platz. Sie diente einst als Grenzstein, der das Hochstift von der Freien Reichsstadt trennte. Vom Dom aus schlendern wir durch die historische Altstadt zur Vorspeise. Das „Kutscherhaus“ empfängt uns mit einer „Brezelsuppe“ – schließlich ist Speyer ja die „Brezelstadt“, was man übrigens jedes Jahr mit dem Brezelfest dokumentiert.

Riesling-Gugelhupf

REZEPT

Zutaten

30 g Hefe
1 Prise Zucker
4 EL Milch
500 g Mehl
200 ml halbtrockener Riesling
150 g Butter
150 g mildgeräucherter, magerer Schinkenspeck
100 g Walnüsse in Stücken (oder geriebener Emmentaler Käse)
2 Eier
1 TL Salz

Zubereitung

Die Hefe mit einer Prise Zucker in der lauwarmen Milch auflösen und quellen lassen. Das Mehl in eine Rührschüssel geben und langsam unter dem Mehl vermischen, nach und nach den lauwarmen Wein dazugeben, bis ein fester Teig entsteht. Diesen gründlich kneten und klopfen, um ihn zu durchlüften. Dann nach und nach die zimmerwarme Butter einarbeiten. Den Teig von der Schüssel lösen und mit einem Tuch bedecken. 45 bis 60 Min. ruhen lassen.

Dann den in kleine Würfel geschnittenen Schinkenspeck und die Walnüsse (alternativ Emmentaler) in den Teig kneten. Eine Gugelhupfform buttern und mehlen. Den Teig hineingeben und nochmals 45 bis 60 Min. gehen lassen, bis er sich verdoppelt hat.

Im vorgeheizten Backofen bei 190 Grad etwa 45 Min. backen, bis der Kuchen goldbraun ist (evtl. mit Alufolie abdecken, wenn er zu schnell bräunt). Nach dem Abkühlen auf ein Gitter stürzen.

Rezept von Almut Jakob

Der Besuch in der Dreifaltigkeitskirche gehört zu jeder Stadtführung. Sie wurde zwischen 1701 und 1714 erbaut und ihre Inneneinrichtung gilt als Beispiel für barocke Holzarchitektur. Zum Hauptgang geht es zurück in die Maximiliansstraße, die prachtvolle Hauptstraße der Stadt. Im Innenhof des historischen Rathauses kredenzt das Restaurant „Ratskeller" den traditionellen Saumagen. Als kulturellen Zwischengang legen wir noch einen Besuch im Altpörtel, dem hohen Stadttor, ein und steigen in das jüdische Kultbad, die Mikwe, hinab.

Karpfenfest und kochende Männer

Wenige Kilometer nördlich von Speyer liegt Otterstadt. Eine Anekdote aus der Stadtgeschichte berichtet von einer großen Hungersnot, ausgelöst durch ein Hochwasser des Rheins, in dem viele Rinder ertranken. Doch die Nachbarn aus Schifferstadt halfen den Otterstädtern, öffneten ihre Weiden für deren Vieh. Die Otterstädter bedankten sich mit dem, was sie am reichlichsten hatten, den Karpfen. An diese alte Geschichte erinnerten sich die Otterstädter, als sie vor einigen Jahrzehnten das „Karpfenfest" ins Leben riefen. Seitdem überbringt einmal im Jahr das jeweils jüngste Hochzeitspaar von Otterstadt dem Schifferstädter Bürgermeister ein Netz voll Karpfen, die anschließend von den zwölf ältesten Bürgern von Schifferstadt verzehrt werden.

Szenenwechsel: Industrieanlagen säumen das Rheinufer. Wir blicken auf Ludwigshafen. Wenn wir auch hier noch Angler antreffen, so zieht es uns ins einige Kilometer weiter westlich gelegene Neustadt an der Weinstraße. Auf dem Fachwerkhaus gesäumten Marktplatz wird wirklich noch Markt gehalten. Hier bekommt man alles, was die Region zu bieten hat. Die Ess-

„Woihinkelscher"

REZEPT

Zutaten

1 frisches Hähnchen
Salz, Pfeffer
50 g Butter
100 g Dörrfleisch, gewürfelt
1 Knoblauchzehe
12 Perlzwiebeln
12 kleine Champignons
2 cl Weinbrand
2 Tomaten
1/4 l Oppenheimer Silvaner
1-2 cl Portwein
2 EL Geflügelfond
10 g Mehlbutter zum Binden
grob gehackter Majoran, Schnittlauchröllchen

Zubereitung

Das Hähnchen waschen, abtropfen lassen und zerlegen, mit Salz und Pfeffer würzen und in Butter anbraten.

Das Dörrfleisch, die ganze Knoblauchzehe, Perlzwiebeln und Champignons dazugeben, kurz weiterbraten. Dann mit dem Weinbrand flambieren.

Die Tomaten schälen, entkernen, in Würfel geschnitten beifügen und mit Oppenheimer Silvaner, Portwein und Geflügelfond angießen. 10 bis 15 Min. köcheln lassen, gegebenenfalls nochmal mit Salz und Pfeffer abschmecken. Mit Mehlbutter binden und kurz aufkochen.

Zum Servieren mit grob gehacktem Majoran und Schnittlauchröllchen bestreuen.

Rezept vom Männerkochclub Oppenheim

Das Hambacher Schloss

kastanien kann man aber auch am nahen Hambacher Schloss direkt vom Baum pflücken. Der Besuch dieser „Wiege“ unserer Demokratie ist also nicht nur aus historischen Gründen zu empfehlen.

Was man mit den Produkten der Region anfangen kann, das erfahren wir bei den Hobby-Köchen vom Männerkochclub Duttweiler. Viel Wert legen die Männer auf die Feststellung, dass die Region doch weit mehr zu bieten hat als den Saumagen. Unter der Anleitung ihres Oberkochs Rolf Braun bereiten die Mannen gerne auch mal ein Festessen für ihre Frauen zu. Da gibt es dann zum Beispiel eine „weiße Tomatensuppe“ aus passierten pfälzischen Tomaten, Kastanien im Wirsingsack und Traminersorbet. Am besten passt zu einem solchen Menü natürlich ein Glas Pfälzer Wein.

Rheinhessen und die „Riesling-Küche“

Der Wein spielt an diesem Abschnitt des Rheins ohnehin eine sehr wichtige Rolle. Wie die Pfalz gehört Rheinhessen zu den größten Weinbaugegenden Deutschlands. Von Alzey bis Bingen ist das Bild der Landschaft vom Wein geprägt. Und auch in der Küche ist Wein eine wichtige Zutat. Typische Rezepte der Region sind der „Dippehas“, also Hasentopf, oder die „Woihinkelscher“, Weinhühnchen. Dieses traditionsreiche Rezept – für uns vom Männerkochclub Oppenheim zubereitet – erinnert stark an den französischen „coq au vin“. Tatsächlich gibt es in der Pfalz wie in Rheinhessen historische Bande zu Frankreich. Schließlich haben die Franzosen die Region immer wieder gern besucht, leider nicht immer als Touristen. So wurde Oppenheim im 17. Jahrhundert durch französische Truppen komplett zerstört. Doch die Bürger haben ihre Stadt wieder aufgebaut. Nur das Wahrzeichen der Stadt ist gleich geblieben: die Katharinenkirche, die größte gotische Kathedrale zwischen Köln und Straßburg.

Der Wein regiert. Selbst im Rathaus gibt es einen Winzerausschank und am Marktplatz und in den Gassen sind überall Weinlokale zu finden. Zum Wein schmeckt den Rheinhessen besonders der Spundekäs, eine leichte Zwischenmahlzeit aus Frischkäse und … na ja, da hat eigentlich fast jeder Rheinhesse sein eigenes Rezept. Die Grundtypen sind der rote Spundekäs mit Paprika und der grüne mit Kräutern.

Für den Riesling-Guglhupf gibt es bei Almut Jakob dagegen nur ein Rezept, das sie an ein elsässisches Vorbild anlehnte. Ihre Variation ist ein pikanter Kuchen, in den neben Riesling auch Schinkenspeck, Käse und Walnüsse gehören. Eine kulinarische Eingebung, für die Almut Jakob sogar einen Preis in einem Wettbewerb für Riesling-Rezepte gewonnen hat.

Einige Riesling-Ideen hat Sabine Bunn vom Weingut Margarethenhof zusammengetragen. Da ist zum Beispiel der Riesling-Senf. Der ist etwas grobkörniger als normaler Senf und passt prima zum Winzersteak. An den Salat gehört natürlich Riesling-Essig und zum Nachtisch gibt es Riesling-Pralinen. Klingt nach einem idealen Speiseplan für ein Picknick im Weinberg, zu dem wir an den Roten Hang von Nierstein eingeladen werden. Die Erde hier stammt aus der Zeit vor 300 Millionen Jahren, der Zeit des Rotliegenden. Der hier wachsende Wein schmeckt etwas anders als auf anderen Böden. Und der Blick auf unseren „Reiseführer" Rhein ist ebenfalls etwas Besonderes.

Dieser Beitrag beruht auf der Grundlage des Films von Dr. Thomas Keck.

Blick auf Oppenheim

Adressen

Zum Karpfen
Hauptstraße 1
76777 Neupotz
Tel.: 07272-2198

Zum Lamm
Hauptstraße 7
76777 Neupotz
Tel.: 07272-2809

Ehrhard Neff (Dampfnudelbäcker)
Kolpingstr. 11
76767 Hagenbach
Tel.: 07273-733

Hotel-Restaurant Zur Krone
Familie Kuntz-Schlindwein
Hauptstraße 62-64
76863 Herxheim-Hayna
Tel.: 07276-508-0
Fax: 07276-508-14

Kulinarische Stadtführung Speyer
Information und Buchung beim
Gasthaus Zum Domnapf
Rhett-Oliver Driest
Domplatz 1
67346 Speyer
Tel.: 06232-75454

Jakob Heinel (Angelsportverein)
Zanderstr. 45
67166 Otterstadt
Tel.: 06232-36761

Robert Braun (Männerkochclub)
Traminerstr. 6
67435 Duttweiler
Tel.: 0172-9257864
Tel.: 06327-638

Hermann Gerhardt (Männerkochclub)
Baumschulweg 31
55276 Oppenheim
Tel.: 06133-3395

Sektschenke Gillot
Merianstr. 1-3
55276 Oppenheim
Tel.: 06133-3239

Nanne Schätzel (Spundekäs)
Oberdorfstr. 34
55283 Nierstein

Weingut Schlamp-Schätzel
Tel.: 06133-5512
Tel.: 0171-3333010

Silvia Klein (Spundekäs)
Saalpförtchen 2
55283 Nierstein
Tel.: 06133-60093

Almut Jakob (Riesling-Gugelhupf)
Bildstockhohl 5
55283 Nierstein
Tel.: 06133-60226

Den Riesling-Gugelhupf nach dem Rezept von Almut Jakob gibt es auch in einigen örtlichen Bäckereien zu kaufen.

Mainz und der romantische Rhein

Als wir zu unserem nächsten Reiseabschnitt aufbrechen, geht gerade die Sonne über dem Rhein auf. Ihre Strahlen spiegeln sich im Wasser des Stroms und ihr Glanz liegt über der Silhouette von Mainz. „Goldisch Meenz“, so nennen die Bürger ihre lebenslustige Stadt, deren Name fast ein Synonym für Fastnacht geworden ist. Damit verbindet sich ein weiteres Klischee: „Weck, Worscht und Woi“. Beides hat aber einen wahren Hintergrund. Die Mainzer feiern die tollen Tage wie kaum eine andere Stadt und kulinarisch liebt man es durchaus deftig.

Auf dem Wochenmarkt schütten die Bauern der Region ihr reichhaltiges Angebot aus. Und was ein echter Meenzer ist, der lässt sich beim Bummel die heiße Fleischwurst nicht entgehen. Für uns bietet der Wochenmarkt die Gelegenheit, Bilder vom Dom einzufangen. Er ist das Wahrzeichen inmitten der Altstadt, die nach Kriegszerstörung und Bausünden der 70er-Jahre langsam wieder ein echtes Schmuckstück wird.

Karl der Große und der Wein

Dann heißt es: Leinen los. An Bord eines Ausflugdampfers der Köln-Düsseldorfer schippern wir stromabwärts. Einige Kilometer hinter Mainz beginnt der romantische Rhein mit seinen Burgen, Fachwerkstädtchen und Weinbergen. Schon seit den Römern gehören Wein und Rhein zusammen. Doch dass man überall in Rheinhessen beim Winzer seinen Schoppen schlürfen kann, ist der Legende nach Karl dem Großen zu verdanken. Er soll den Ausschank während der Sommermonate erlaubt haben.

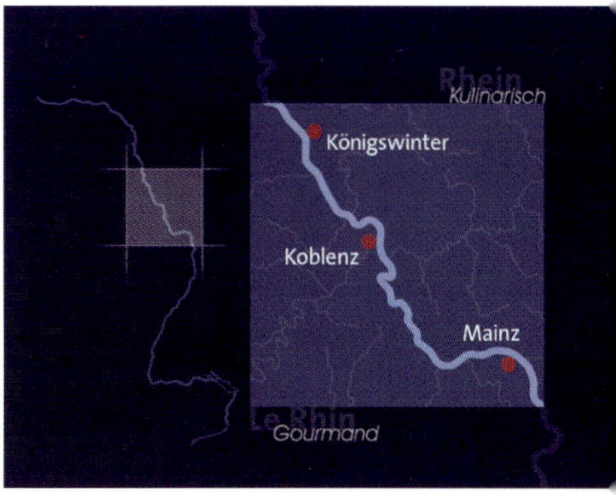

Karl der Große hat Ingelheim im 8. Jahrhundert durch den Bau der Kaiserpfalz zu hohem Stellenwert verholfen. Hier hielt er auf der Durchreise Hof, inspizierte seine Ländereien und erließ Gesetze. Von seinem Palast stehen heute nur noch wenige Mauern. Die Zeiten überdauert hat dagegen die Burgundertraube,

Auf dem Wochenmarkt in Mainz

die Karl der Große angeblich hierher brachte. Eins steht fest: Der Herrscher muss sich gerne mit Wein beschäftigt haben. In seinem Verwaltungshandbuch „Capitulare de Villis" behandelt rund ein Siebtel aller Gesetze den Weinbau. „Ihm war Reinheit und Klarheit des Weines und eben die Sauberkeit bei der Herstellung ganz wichtig", erklärt uns Museumsdirektorin Dr. Gabriele Mendelssohn und zeigt uns in einem Faksimile-Druck die Eintragungen.

Auf den Spuren der Heiligen Hildegard

Malerisch in den Weinbergen platziert ist die Wallfahrtskapelle auf dem Rochusberg bei Bingen. Nicht nur die Aussicht, auch das Innere der Kapelle lohnt den Ausflug. Ein filigran gearbeiteter Altar ist Hildegard von Bingen gewidmet. Sie war Mystikerin, Prophetin, Theologin, Naturforscherin und Komponistin zugleich. Auch in den Schriften der 1098 geborenen Heiligen findet sich der Rebensaft, zum Beispiel als Medizin.

Noch heute bauen die Benediktinerinnen der Abtei Sankt Hildegard bei Eibingen im Rheingau eigenen Wein an – allerdings durchaus als Genussmittel. Wir wechseln daher auf die andere Rheinseite, beobachten die Schwestern bei der Weinlese. Auch die Zisterzienser-Mönche im nicht allzu weit entfernten Kloster Eberbach bewiesen schon 1170, dass sie etwas vom Weinbau verstehen. Zwar verbot ihnen die strenge Ordensregel zu sprechen, nicht jedoch den Genuss und die Herstellung von Wein. Das Klosterleben gibt es nicht mehr. Leben in das Gemäuer bringen aber Weinversteigerungen. Das Spektakel hat hohen Unterhaltungswert, dafür sorgt Auktionator Leo Gros. Wir kommen dazu, als gerade eine 100 Jahre alte Rarität unter den Hammer kommt. Für 10.000 Euro wechselt der Wein seinen Besitzer.

Omas Grießklöße in Weinschaumsauce

REZEPT

Zutaten

Klöße:
1 l Vollmilch
500 g Hartweizengrieß
350 g Zucker
1 Prise Salz
250 g Butter
1 unbehandelte Zitrone
5 Eier
Mark einer Vanillestange

Sauce:
6 Eigelbe
200 ml trockener Riesling
100 g Zucker
1 Messerspitze Zimt

Zubereitung

Milch im Kochtopf mit Grieß, Zucker, Salz und Butter zusammenrühren und eine halbe Stunde quellen lassen. Danach den Brei unter Rühren mit einem Holzspatel einkochen lassen, bis sich die Masse vom Topf löst.

Den Teig in eine Schüssel geben und die Zitronenschale darüber reiben. Die Eier nach und nach unter die Masse heben.

Erkalten lassen, dann mit zwei Löffeln kleine Klöße formen und im kochenden Wasser etwa 10 Min. ziehen lassen.

Inzwischen die Zutaten für die Sauce im Wasserbad schaumig rühren. Die Sauce einmal aufkochen lassen, sofort vom Herd nehmen und über die Klößchen geben. Den Zimt erst zum Schluss darüber stäuben!

Rezept von Iris Marx, „Historische Weinwirtschaft"

Durch Binger Loch und Flaschenhals

Hinter dem Binger Loch reiht sich Burg an Burg. Eine Festung steht sogar mitten im Strom: die Pfalzgrafenstein bei Kaub. Die stromlinienförmige Silhouette erinnert selbst an ein Schiff. Berühmt wurde „die Pfalz" durch Feldmarschall Blücher, als dieser Napoleon hinterhersetzte und in der Neujahrsnacht 1813/14 an dieser Stelle den Rhein überschritt. Strategisch günstig lag auch der Ort Kaub. Als die Alliierten nach dem Ersten Weltkrieg das Gebiet aufteilten, blieb in der Mitte versehentlich eine unbesetzte Zone: der Freistaat Flaschenhals. Die Orte wurden zu Schmugglernestern. In Erinnerung an diese Zeit haben die Wirte am Ort einen „Pass" herausgebracht, der als „Eintrittskarte" für ein Vier-Gänge-Menü gilt.

Omas Grießklößchen

Das Mittelrheintal als Weltkulturerbe? Die Frage wird derzeit diskutiert. Wie immer dieses Vorhaben ausgehen mag, neue Ideen sind gefragt. Ideen, wie die des tschechischen Künstlers Victor Sanovec, der einen verwilderten Weinberg zum Kunstobjekt erhob. Oder Ideen verbunden mit alten Traditionen, wie sie auf gastronomischem Gebiet die historische Weinwirtschaft in Oberwesel entwirft. Die Speisekarte auf Mundart verheißt einen Hauch Nostalgie. Ein Versprechen, das im Restaurant eingelöst wird. Denn die Wirtin Iris Marx hat die verwinkelten Räume wie eine Wohnung aus Uromas Zeiten eingerichtet: nicht einmal das Schlafzimmer fehlt. Essen im Bett ist erlaubt. Passend zur privaten Atmosphäre sind auch die Rezepte Familientradition. Für uns lüftet die Wirtin das Geheimnis von Omas Grießklößchen.

Natürlich dürfen bei einer Rheinreise Bilder der Loreley nicht fehlen. Dennoch schweift unser Blick zur anderen Seite des Stroms, zur Burg

Mufflon in Zitronensauce

REZEPT

Zutaten

1 Stück Keule oder Schulter vom Wildschaf (Mufflon), ca. 800 g
Öl
1/2 l helle Brühe (Rind oder Geflügel)
100 g Sahne
Rosmarin, Thymian, Knoblauch und Pfeffer
1 unbehandelte Zitrone
Mondamin zum Binden
Kurkuma
Speck

Zubereitung

Die Keule (oder Schulter) in etwas Öl leicht anbraten. Wenig Farbe geben! Mit etwa 1/2 l heller Brühe angießen, die Sahne dazugeben und im Ofen bei 180 Grad bis zu 1,5 Std. schmoren lassen.

Die Sauce mit Rosmarin, Thymian, Knoblauch und Pfeffer verfeinern und zum Schluss Schale und Zeste von einer Zitrone dazugeben. Die Sauce mit etwas Mondamin abbinden und eventuell mit etwas Kurkuma gelb färben. Soll die Sauce kräftiger werden, einfach etwas Speck schmoren und in die Sauce geben.

Rezept von Rudolf Staiger, „Schlosshotel und Villa Rheinfels"

Die Loreley

Rheinfels bei St. Goar. Sie ist die größte Ruine am Rhein. Hinter ihren dicken Mauern kocht Rudolf Staiger, Küchenchef des hier ansässigen Toprestaurants. Der junge Mann liebt außergewöhnliche Kombinationen. Und obwohl er die halbe Welt gesehen hat, kehrt er in der Küche immer wieder zu dem zurück, was sich in der nächsten Umgebung bietet. Bei unserem Besuch bereitet er ein Mufflon zu. Das Wildschaf kommt aus dem fünf Kilometer entfernten Adenhard im Hunsrück.

Ein „nostalgischer" Kronprinz

Burgenromantik und nostalgische Schwärmerei fanden am Rhein schon immer reichlich Nahrung. Doch kaum ein Bauwerk verkörpert diese Sehnsüchte perfekter als Schloss Stolzenfels. Als die Stadt Koblenz 1823 die Burg dem preußischen Kronprinzen Friedrich Wilhelm IV. schenkte, war sie nicht viel mehr als eine Ruine. Doch der Romantiker beauftragte seinen besten Architekten mit dem Wiederaufbau.

Angeblich sollen der spätere König und sein Hofstaat hier rauschende Kostümfeste gefeiert haben. In einer Zeit, in der man im Deutschen Reich Fabriken baute, träumte der Monarch von edlen Rittern und hohen Idealen und stopfte sein Schloss mit kostbaren Antiquitäten voll. Im großen Rittersaal tafelten illustre Gäste mit den deutschen Majestäten. 1845 war sogar Queen Victoria auf Stolzenfels zu Gast.

Friedrich Wilhelm war in gewisser Weise ein Glücksfall für den Rhein, denn seine Romantikwelle spülte die ersten Touristen herbei und Geld in die Kassen. Heute pendeln nirgendwo sonst auf dem Rhein so viele Ausflugs-

„Uhles"

REZEPT

Zutaten für 6 Personen

Man nehme für 6 Personen einen großen Eisentopf, rohe Kartoffeln (einen dreiviertel Eimer voll), zwei Zwiebeln, 2 Eier, 150 g frische Sahne, 1/2 Tasse Semmelbrösel, eine dicke Scheibe durchwachsenen Speck, 3 Mettwürstchen, Salz, Pfeffer und Muskatnuss.

Zubereitung

Die Kartoffeln schälen und reiben, die Zwiebeln ebenfalls. Zusammen mit den Eiern, der Sahne und den Semmelbröseln in einer Schüssel gut durchmischen. Speck und Würstchen würfeln, dazugeben. Mit Salz, Pfeffer und Muskatnuss würzen.

Den Eisentopf fingerdick mit Öl füllen und erhitzen. Dann die dünnflüssige Masse vorsichtig dazugeben. Bei 200 Grad im Ofen zwei Stunden backen.

(Angeblich leitet sich der Name Uhles von der altertümlichen Bezeichnung des Topfes ab.)

Rezept von Margret Heimann, Dattenberg

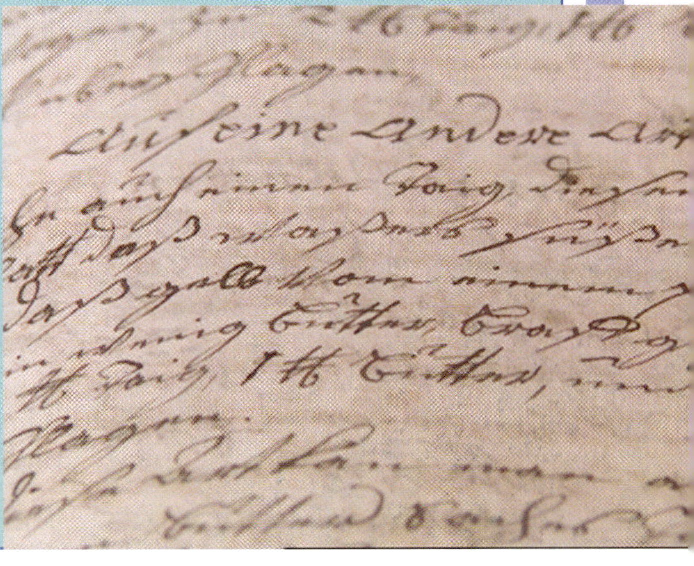

Handschriftliche Rezepte im Kochbuch mit Eintragungen seit 1701 in der Burg Namedy

Das Deutsche Eck in Koblenz

boote wie auf der Strecke zwischen Mainz und Koblenz.

Unsere Fahrt geht aber noch weiter. Vorbei am Deutschen Eck in Koblenz mit dem Reiterstandbild des Kaisers Wilhelm I. machen wir bei Andernach Station. Die Burg Namedy ist seit 1909 im Besitz der Familie. Gebaut wurde sie vor rund 600 Jahren als Wasserschloss. Seitdem hat sich ihr Gesicht ständig verändert. Sogar ein Luxushotel sollte hier einmal entstehen. Doch Prinzessin Heide von Hohenzollern und ihr Mann zogen selbst ein. Das riesige Gebäude erwies sich als Fass ohne Boden. Eine Idee musste her, um die alte Pracht auf Dauer zu finanzieren. Und so kann man heute im Spiegelsaal fürstlich tafeln. Fast jedes Wochenende finden auf Schloss Namedy Hochzeiten und Veranstaltungen statt. Die Prinzessin selbst arrangiert den Tafelschmuck.

Am Anfang war es ein Hobby – jetzt ist Heide von Hohenzollern hauptberuflich Gastgeberin. Sie führt uns in die hundert Jahre alte Küche. Generationen von Köchen haben hier gewirkt und ihre Spuren hinterlassen. Der wertvollste Schatz: ein Kochbuch, das seit 1701 am Herd gelegen hat. Jede Köchin hat hier hineingeschrieben. Selbst absurd klingende Rezepte sind notiert – wie zum Beispiel eines für Hirschohren. Das kocht angesichts des heutigen Umweltbewusstseins niemand mehr. Aber eine Zuckererbsensuppe nach historischer Vorlage gehört durchaus zum Repertoire der aktuellen Schloss-Küche.

Von Bäckerjungen und Bäckermeistern

In direkter Nachbarschaft zu Namedy liegt Andernach – eine kleine Stadt mit großer Geschichte und einer einzigartig gut erhaltenen Stadtmauer. So richtig bekannt gemacht hat Andernach allerdings die Legende von den Bäckerjungen. Der Brunnen auf dem Marktplatz verewigt die frechen Helden, die im Volksmund „Döres“ und „Fränzje“ heißen. Nur mit einer List sollen sie die Linzer daran gehindert haben, Andernach im Handstreich zu nehmen. Jedes Jahr im Sommer spielen die Andernacher das Schelmenstück, in dem die Angreifer mit Hilfe von Bienenkörben schmählich geschlagen werden – zur Gaudi des Publikums.

Die findigen Lausbuben sind eine Erfindung des 19. Jahrhunderts. Doch nur wenige Kilometer flussabwärts gibt es wirklich noch fleißige Bäcker von altem Schrot und Korn. Der kleine Ort Dattenberg liegt über der Stadt. Einst gab es im Dorf zwei Backhäuser, bis in die 50er-Jahre waren sie in Betrieb, wurden dann aber abgerissen. 1971 gründete sich ein Verein zum Wiederaufbau. Es fanden sich noch zwei Ofenbauer, die einen Backes aus heimischen Tuff bauen konnten.

Heute steht Bäckermeister Alfons Krischker seit den frühen Morgenstunden am Ofen. Es ist Zeit für das Schwarzbrot, das aus erstaunlich wenig Zutaten besteht. Während drinnen der Teig geknetet wird, bereiten die Frauen im Freien den Uhles vor: einen deftigen Auflauf, der heute nur noch selten auf den Tisch kommt. Denn wer will schon freiwillig einen ganzen Eimer Kartoffeln schälen? Wenn alle Brote im Ofen sind, ist gerade noch Platz für den Uhles. Nach zwei Stunden ist die Kartoffelmasse gar. Am Ende eines langen Tages haben sich die Dattenberger eine Ruhepause verdient. Und wir dürfen uns nach den Dreharbeiten dazu setzen.

Dieser Beitrag beruht auf der Grundlage des Films von Jutta Kastenholz.

Adressen

Historische Weinwirtschaft
Iris Marx
Liebfrauenstr.17
55430 Oberwesel
Tel.: 06744-8186

Schlosshotel und Villa Rheinfels
Schlossberg 47
56329 St. Goar
Tel.: 06741-8020
www.schlosshotel-rheinfels.de

Initiative Freistaat Flaschenhals
Freistaat-Pass mit Viergänge-Menü
Informationen beim:
Weinhaus Zur Pfalz
Familie Bahles
Tel.: 06774-258

Wochenmarkt in Mainz:
jeden Di, Fr, Sa bis 14.00 Uhr auf dem Marktplatz und Liefrauenplatz
www.info-mainz.de

Benediktinerinnenabtei St. Hildegard
bei Eibingen im Rheingau
Verkauf von eigenem Wein und Dinkelgebäck nach Hildegard-Rezepten
Tel.: 06722-4990
www.abtei-st-hildegard.de

Stiftung Kloster Eberbach
65346 Eltville am Rhein
Tel.: 06723-91780
tägl. Führungen

Kaiserpfalz Ingelheim
Besucherzentrum am Francois Lachenal-Platz
Tel.: 06132-714701

Bingen:
Kapelle auf dem Rochusberg mit Hildegard-Altar
Tel.: 06721-184205 oder -200
www.Bingen.de

Projekt Rheingarten bei Oberwesel:
Abfahrt Richtung Langscheid, dann dem Hinweis Pfalzblick folgen. Ein Spazierweg führt vom Parkplatz in den Langscheider Hundert, dort steht eine Tafel mit Erläuterungen.

Schloss Stolzenfels bei Koblenz
tägl. außer Montag Führungen
(Dezember geschlossen)
Tel.: 0261-51656

Vom Drachenfels bis Duisburg

Mit der Fähre fahren wir auf das idyllische Rheinstädtchen Königswinter zu. Uns lockt der Drachenfels, ein sagenumwobener Ort. Siegfried von Xanten, der Held der Nibelungen-Sage, soll hier einst das Ungeheuer getötet haben. Drachen gibt es keine (mehr), dafür eine herrliche Aussicht über das Rheintal mit der früheren Bundeshauptstadt Bonn, Bad Godesberg und der dahinter liegenden Eifel.

Hoch geht es mit Deutschlands ältester Zahnradbahn, vorbei an der Drachenburg, deren Gemäuer mächtig und uralt wirkt, aber tatsächlich nur knapp 120 Jahre auf dem Buckel hat. Der zu Geld gekommene Börsenmakler Stephan von Sarter wollte seiner Verlobten ein Traumschloss bauen. Nach nur zwei Jahren war das Bauwerk fertig, aber das Paar bewohnte es nie.

Der „eingemeindete" Baumkuchen

Die erste kulinarische Station dieses Reiseabschnitts ist das „Restaurant Halbedel" in Bad Godesberg. Hier genießen wir in stilvollem Ambiente eine Mahlzeit der gehobenen Art – Haute Cuisine mit regionalem Einschlag. Zur Bereicherung der Speisekarte betreibt Rainer-Maria Halbedel einen eigenen Bauernhof. Heute kommt ein Eifeler Rehbockrücken auf Wirsing mit Pfifferlingen auf den Tisch. Als Dessert reicht der Chef Zitronencrepes mit Himbeeren und Joghurt-Minzeis.

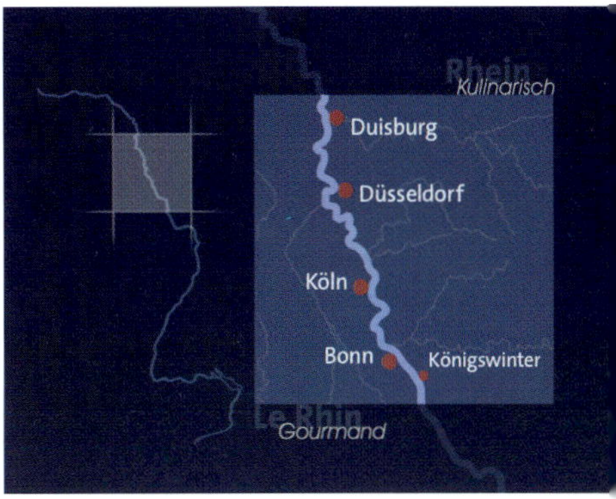

Nach dem Essen bummeln wir durch Bonn. Der alte Plenarsaal des Bundestages, Rheinpromenade und Museumsmeile mit Bundeskunsthalle und städtischem Kunstmuseum, Rathaus und Münster – viele sehenswerte Stationen liegen auf unserem Weg. Für eine Tasse Kaffee steuern wir in der Nähe des Rathauses das Café Fassbender an, das vor allem wegen seines Baumkuchens bekannt ist. Diese Spezialität stammt ursprünglich aus Sachsen, aber im Rheinland gilt sie als

Das Städtische Kunstmuseum in Bonn

„eingemeindet". Zu den ungeschriebenen Gesetzen gehört es, dass man sein Stück Baumkuchen nicht im Café isst. Man lässt es fein verpacken und eilt davon.

Die Köstlichkeit entsteht in der Fassbenderschen Backstube. In den Teig kommen neben Eigelb, Butter und Eischnee unter anderem Marzipan, Honig und Rosenwasser. Der Rest bleibt Geheimnis des Hauses. Die „Rinde" des Baumkuchens ist eine duftende Schokoladenschicht, die als krönender Abschluss des langen Arbeitsprozesses in einem Schokoladenbad aufgetragen wird. Woher der Baumkuchen seinen Namen hat, fällt schnell ins Auge: Die fertigen Stücke sehen aus wie kurze Baumstämme und die Teigschichten wie die Jahresringe eines Baumes.

Das Kölsch aus „Kölle"

Mit dem Ausflugsdampfer geht es weiter. Idyllische Wälder und sanfte Auen säumen den Strom. Wir genießen diese romantischen Momente, bevor der Rhein sein Gesicht als Wasserader der Industrie zeigt. Bald taucht im fernen Dunst das Wahrzeichen der Rheinmetropole Köln auf: der Dom. Am Ufer zieht zuerst die alte Speicherstadt mit dem Auf und Ab ihrer „Dachlandschaft" vorbei – im Volksmund heißt sie daher passend: das „Siebengebirge". Am Rand liegt das Schokoladenmuseum. Nicht nur Kinderaugen bestaunen den Schokoladenbrunnen, an dem man naschen darf.

Auch wenn man sich den Besuch des Wahrzeichens auf keinen Fall entgehen lassen sollte: Köln ist nicht nur der Dom. Zu Füßen der Kathedrale liegt die Altstadt mit ihrer Rheinpromenade. Viele alte Gebäude existieren zwar nicht mehr im Originalzustand. Doch die neu gestalteten Teile der Altstadt kommen im historischen Gewand daher.

Zitronencrepes mit Himbeeren und Joghurt-Minzeis

REZEPT

Zutaten für vier Personen

2 unbehandelte Zitronen
75 g Zucker
1/8 l trockener Riesling (Rheingau)
2 Eigelbe
1 Blatt Gelatine
1 Ei
1/8 l Milch
1 EL Mehl
1 Prise Salz
10 g Butter
1/4 l Sahne
250 g Joghurt 3,5 %
50 g frische Minzblätter
50 g Staubzucker
1 dl Creme de Menthe (Minzlikör)
100 g gefrorene Himbeeren
30 g Puderzucker
1 dl Himbeergeist
200 g frische Himbeeren
1 Vanilleschote

Zubereitung

Die Zitronen abreiben, mit dem Saft, dem Zucker und dem Weißwein aufkochen, sowie danach mit den zwei Eigelben und zur „Rose" abziehen. Die eingeweichte Gelatine einrühren und die Masse kalt stellen. Aus dem Ei, der Milch, dem Mehl, dem Salz und der flüssig gemachten Butter einen Crepeteig herstellen. In der Zwischenzeit die geschlagene Sahne unter die inzwischen erkaltete Zitronenmasse heben und in die Crepes rollen. Fest in Klarsichtfolie einwickeln und ca. 20 Min. kalt stellen.

In der Zwischenzeit das Joghurt, die Minze, den Staubzucker und den Minzlikör verrühren und in die Eismaschine geben. Die gefrorenen Himbeeren mit dem Puderzucker und dem Himbeergeist marinieren und mit dem Stabmixer pürieren. Danach durch ein Sieb streichen. Die Crepes schneiden, mit den Himbeeren umlegen, mit dem Himbeermark und dem Joghurt-Minzeis anrichten.

Rezept von Rainer-Maria Halbedel, „Restaurant Halbedel"

Blick auf Köln

Wir stärken uns in einem typischen Kölner Brauhaus, dem „Früh". In der Früh-Brauerei lassen wir uns zeigen, wie das beliebte Kölsch entsteht, ein helles obergäriges Bier. Damit das Kölsch seinen typischen Geschmack bekommt, wird Hopfen zugesetzt. Trotz High-Tech-Anlagen geht es beim Abfüllen der Bierfässer noch zu wie früher. Die alten Holzfässer werden von Hand gereinigt, gefüllt, fest verschlossen und ausgeliefert, ausschließlich ans eigene Brauhaus. Schnell hat der Gast dort das frisch gezapfte Kölsch auf dem Tisch.

Zum Kölsch isst man die typischen kleinen Gerichte – zum Beispiel „Kölschen Kaviar". Dahinter verbirgt sich kein Luxus, sondern ein schlichtes Roggenbrötchen mit Blutwurst und Zwiebeln. Ebenfalls passt Rievkooche dazu, Reibekuchen mit Apfelmus. Und wer einen „Halven Haan" bestellt, bekommt hier anstatt eines Grillhähnchens einen Teller mit Brötchen und Gouda serviert.

Auf der Liste der regionalen Spezialitäten darf auf keinen Fall der Rheinische Sauerbraten vergessen werden, den man uns im alteingesessenen Kölner Restaurant „Marienbild" serviert. Traditionell wird der Sauerbraten aus Pferdefleisch bereitet. Küchenchef Manfred Dedo Neusen nimmt allerdings lieber Rindfleisch, dazu gibt es Kartoffelklöße und Apfelkompott. Danach wechseln wir auf die „Schäl Sick", wie die Kölner das rechte Rheinufer etwas abfällig nennen. Trotzdem trifft man sich hier gerne zum Cocktail. Die Rheinterrassen sind das „Strandcafé" von Köln.

Für das Abendessen unternehmen wir einen Ausflug ins Bergische Land. Im Schloss Lerbach bei Bergisch Gladbach steht Drei-Sterne-Koch Dieter

Sauerbraten auf rheinische Art mit Tafelspitz

REZEPT

Zutaten für vier Personen

Sud zum Marinieren:

1 Zwiebel
1 kl. Stange Sellerie
1 Möhre
1 Stange Lauch
0,2 l Rotweinessig
0,2 l Rotwein
0,2 l Wasser
5 Nelken
3 Lorbeerblätter
1/2 TL Piment
1/2 TL geschroteter, weißer Pfeffer
1/2 TL Wacholderbeeren
1/2 TL Senfkörner
1 EL Salz
1 EL Zucker

Sauerbraten:

1,5 kg Tafelspitz
2 EL Tomatenmark
200 g Rosinen
1 EL Rübenkraut
1 EL Apfelkraut
1 EL Rahm
1/2 TL Lebkuchengewürz

Zubereitung

Sud: Gewaschenes und geschältes Gemüse in grobe Würfel schneiden. Essig, Rotwein und Wasser mit Gemüse und Gewürzen aufkochen. Das Fleisch in den heißen Sud einlegen (4-5 Tage Einlegezeit).

Sauerbraten: Das Fleisch aus der Marinade nehmen, gut abtropfen lassen. In einer Kasserolle Butterschmalz auslassen. Das Fleisch von allen Seiten scharf anbraten, danach aus der Kasserolle nehmen. In dem Bratenansatz das marinierte Gemüse mit dem Tomatenmark anrösten. Das Fleisch dazugeben, mit der Marinade aufgießen und ca. 1 1/2 bis 2 Std. garen. Das Fleisch entnehmen, Sauce passieren, Rosinen, Rüben- und Apfelkraut beifügen. Sauce ca. 20 Min. reduzieren, leicht abbinden und mit Rahm verfeinern. Lebkuchengewürz beifügen und abschmecken.

Rezept von Manfred Dedo Neusen, Restaurant „Marienbild"

Kunst und Natur auf der Museumsinsel Hombroich

Müller am Herd. Er lässt sich von der rheinischen Küche inspirieren. Der Beweis: ein klassisches „Himmel und Äd“, Kartoffelpüree mit Apfel und gebratener Blutwurst. Seine Meisterhand verwandelt das bodenständige Gericht in eine Delikatesse.

Mittelalter-Charme und Weltstadt-Flair

Zurück am Rhein besuchen wir das mittelalterliche Städtchen Zons mit seinen Bürgerhäusern, seinem Rheinturm und der Windmühle in der Stadtbefestigung. Eine Besonderheit der Gegend ist die Museumsinsel Hombroich bei Neuss. Wir bestaunen die bezaubernde Landschaftsarchitektur mit den ästhetisch eingepassten Museumsbauten. In Pavillons kann man hier neben asiatischen oder afrikanischen Exponaten auch Kunstwerke bekannter europäischer Meister bewundern.

Die Cafeteria ist einer der beliebtesten Orte der Museumsinsel. Hier gibt es die traditionelle rheinische Kaffeetafel mit frischem Schwarzbrot und Rosinenstuten, Marmelade und Konfitüre, Schmalz und Pellkartoffeln. Für das frische Brot auf der Insel sorgt die Bäckerei Soumagne in Neuss-Norf. Die Zutaten stammen teilweise aus ökologischem Anbau. Bäckermeister Wilhelm Soumagne verrät uns, was das richtige rheinische Schwarzbrot ausmacht. Sauerteig aus Roggenschrot, der mehrere Stunden stehen muss, wird mit weiterem Roggenschrot zu einem Teig geknetet und in der Kastenform gebacken – Brot von höchster Qualität.

Nun geht es weiter über das im Rokokostil erbaute Schloss Benrath nach Düsseldorf. Die nordrhein-westfälische Landeshauptstadt liefert sich so manches augenzwinkernde Scharmützel mit der Rivalin Köln. Wer ist die Schönste im ganzen Land?, lautet die große, unbeantwortete Frage. Wir ge-

„Himmel und Äd"

REZEPT

Zutaten für vier Personen

Kartoffelpüree:
2 große geschälte Kartoffeln; ca. 1 dl Sahne/Milch; Butter; Salz

Spitzkohl:
300 g Spitzkohl; 20 g Butter; 1 EL Zwiebelwürfel; 1 EL Speckwürfelchen; 100 g Rahm; Salz und Pfeffer aus der Mühle; 1 Boskopapfel, 1/8 l Apfelsaft; 4 cl Grenadine

Blutwurst:
4-8 Blutwurstscheiben, ca. 320 g; Mehl; 8 cl Kalbjus mit 2 cl Portwein zum Servieren aufkochen

Zubereitung

Kartoffelpüree: Für das Kartoffelpüree die Kartoffeln grob würfeln und in leichtem Salzwasser gar kochen. Auf ein Sieb schütten und die Kartoffeln durch eine Presse drücken. Heiße Sahne/Milch und Butterstückchen zugeben und mit einem Rührgerät fein cremig rühren und mit Salz abschmecken.

Spitzkohl: Den Spitzkohl in feine Streifen schneiden, waschen und trocken schleudern (Salatschleuder). Butter mit Zwiebeln und Speckwürfeln erhitzen, Kohlstreifen zugeben, gut schwenken. Rahm zugeben und alles bissfest gar kochen. Mit Salz und Pfeffer würzen. Nebenbei den Apfel schälen, nach Wunsch in Scheiben schneiden und ausstechen. Apfelsaft und Grenadine aufkochen, die Apfelscheiben darin ca. 5 Min. ziehen lassen.

Blutwurst: Die Blutwurstscheiben in Mehl wenden und in heißem Pflanzenfett beidseitig braten. Püree und Spitzkohl auf heiße Teller verteilen. Blutwurst und Apfelscheiben auflegen und mit Portweinsauce servieren.

Tipp: Die Blutwurst sollte bratfest sein, vorher testen. Die Apfelscheiben kann man noch mit leicht frittierten, feinen Lauchstreifen garnieren.

Rezept von Dieter Müller, „Schlosshotel Lerbach"

Modernste Architektur im alten Hafen

hen im früheren Handelshafen an Land, der sich zu einer Medien- und Kulturmeile gewandelt hat. Ganz nah liegen Landtag und Landesregierung. Natürlich ist Düsseldorf auch eine Stadt der Künste. Die Kunstsammlung Nordrhein-Westfalen lockt mit Malerei des 20. Jahrhunderts. Die Düsseldorfer Kunstakademie hat den Ruf, künftige „Stars“ auszubilden. Kunst hat auch Georg Maushagen studiert. Heute verbindet er künstlerische Kreativität mit seinem angestammten Beruf als Konditoreimeister und Koch. Gleich neben seiner Backstube entstehen im Atelier große Zuckerskulpturen. Zuckerbäckerei ähnelt der Glasbläserei. Die leicht abgekühlte Zuckermasse wird aufgeblasen und zum Formen immer wieder erhitzt, bis sie die gewünschte Gestalt annimmt. Die Werke des „Zucker-Bildhauers“ können in der Konditorei Maushagen bewundert werden. Hier erhält man aber auch ein ganz normales Stück Kuchen.

Es wird Zeit für den Gang über die Königsallee, die „Kö“, und das Eintauchen in die Düsseldorfer Altstadt. Hier, an der längsten Theke der Welt, reiht sich Kneipe an Kneipe. Und hier genießt man ein „Alt“, das typische Düsseldorfer Bier. Wir lassen uns bei „Schumacher“ in das Braugeheimnis einweihen. Wie das Kölsch ist auch das Alt ein obergäriges Bier. Doch Kölsch wird mit hellem, dem so genannten Pilsener Malz gebraut. Für das Alt wird das dunkle Münchener Malz verwendet, das stärker gebrannt ist. Welches Bier besser schmeckt? Auch das eine Frage, die man zumindest als neutraler Genießer schwer beantworten kann.

Bemerkenswert in Düsseldorf ist die große „japanische Kolonie“, die sich auch im kulinarischen Bereich bemerkbar macht. Im ältesten japanischen

Restaurant in Deutschland, dem „Nippon-Kan“, zelebriert Chef-Koch Hisato Mochizuki seine Kunst. Die Köstlichkeiten aus Meeresfrüchten, verschiedenen Gemüsen und Eiern werden mit Essigreis und Algenblättern zu kleinen essbaren Kunstwerken geformt. Nur die frischesten Zutaten dürfen hier verwendet werden, wird doch der Fisch durchweg roh verarbeitet.

Industrielandschaften im Wandel

An Krefeld vorbei fahren wir bis Duisburg. Die Stadt erfährt wie das gesamte Ruhrgebiet einen gewaltigen Strukturwandel vom Kohle- und Eisenhüttenstandort zum Dienstleistungs- und Gewerbezentrum. Trotzdem ist der Binnenhafen immer noch der größte der Welt. Rund 20.000 Schiffe laufen hier jährlich ein. Nur wenige Minuten vom Rhein entfernt liegt das Binnenschifffahrtsmuseum im ehemaligen Hallenbad von Ruhrort. Das Jugendstilgebäude gibt einen schönen Rahmen für dieses spannende Museum ab, in dem der Alltag der Binnenschiffer gestern und heute liebevoll inszeniert ist.

Mittlerweile ist es Nacht geworden und damit Zeit für einen Spaziergang durch den Landschaftspark Duisburg-Nord. Wo in den besten Zeiten rund 1400 Arbeiter Roheisen produzierten, entstand ein Kultur- und Freizeitpark. Im Dunkeln wird diese Industriebrache durch farbige Lichtinstallationen spektakulär in Szene gesetzt – eine Attraktion weit über das Ruhrgebiet hinaus.

Dieser Beitrag beruht auf der Grundlage des Films von Ulrike Bartels und Dieter Zeppenfeld.

Adressen

Halbedel's Gasthaus
Rheinallee 47
53173 Bonn-Bad Godesberg
Tel.: 0228-354253
Montags geschlossen

Conditorei Café Fassbender
Sternstr. 55
53111 Bonn
Tel.: 0228-72611-1
Fax: 0228-72611-72

Restaurant Marienbild
Aachener Str. 561
50933 Köln
Tel.: 0221-9458630

Brauhaus Früh
Am Hof 12-14
50667 Köln
Tel.: 0221-2613211

Restaurant Dieter Müller
im Schlosshotel Lerbach
Lerbacher Weg
51463 Bergisch Gladbach-Heidkamp
Tel.: 02202-2040
So und Mo geschlossen

Japanisches Restaurant Nippon-Kan
Immermannstr. 35
40210 Düsseldorf
Tel.: 0211-173470
Fax: 0211-3613625

Bäckerei-Konditorei Willi Soumagne
Bahnstraße 38
41469 Neuss-Norf
Tel.: 02137-3032

Brauerei Schumacher
Oststr. 123
40210 Düsseldorf
Tel.: 0211-326004
Fax: 0211-134862

Konditorei Maushagen
Jülicher Straße 9
40477 Düsseldorf
Tel.: 0211-464748
Fax: 0211-460464

Städtisches Kunstmuseum Bonn
Friedrich-Ebert-Allee 2
53113 Bonn

Bundeskunsthalle
Friedrich-Ebert-Allee 4
53113 Bonn

Museum Insel Hombroich
Kapellener Straße
41472 Neuss-Holzheim
Tel: 02182-2094

Imhoff-Stollwerck Museum
Rheinauhafen 1a
50678 Köln
Tel.: 0221-93-1888-0
Fax: 0221-93-1888-14

Tour de Ruhr
Landschaftspark Duisburg-Nord GmbH
Emscherstraße 71
47137 Duisburg
Tel.: 0203-4291942
Fax: 0203-4291945

Von Duisburg bis zur Mündung

Auch auf dem letzten Abschnitt unserer kulinarischen Reise geht es erst einmal ums Fischen, denn Rheinfischer haben wieder Zukunft. Das meint zumindest Gerhard Steinling, den wir bei Bislich treffen. Sein Berufszweig soll wieder zum Leben erweckt werden. Dass es sich lohnen könnte, zeigt uns die gemeinsame Bootsfahrt auf dem Rhein. Die Ausbeute ist gar nicht so schlecht.

Und so bringt Steinling einen Teil des Fangs nach Duisburg-Walsum in den „Walsumer Hof". Dort steht heute Rheinaal auf der Speisekarte. Wir kehren in dieses am Niederrhein bekannte und beliebte Restaurant ein. Am Herd des Familienbetriebes mit bergmännischer Tradition steht Koch Berthold Langhoff. Er serviert den Aal kross gebraten mit Bratkartoffeln und einer feinen Dillsauce, dazu ein leckeres Bier.

Speisen wie die Römer

Doch trotz des Fischs – auch am Niederrhein herrscht kulinarische Vielfalt. Um sie kennen zu lernen, setzen wir mit einer der vielen Fähren auf die linke Rheinseite über. Unser Ziel heißt Walbeck. Der hübsche Ort ist wegen seiner Windmühle berühmt, die heute ein Museum beherbergt. Er ist aber auch die Spargelhochburg der Region. In aller Herrgottsfrühe wird der Spargel gestochen. Spargelbauer Stefan Kisters demonstriert uns auf dem Feld, wie man das weiße Gemüse erntet. Die kleinen Risse in den Erdwällen zeigen an, wo ein Spargel zu suchen ist. Mit geschickter Hand wird er freigelegt.

Und dann brutzelt er auch schon in der Pfanne der örtlichen „Alten Bürgermeisterei". Von Ende April bis Ende Juni stehen in diesem Restaurant alle Zeichen auf Spargel. Ein Pfund von dem delikaten Gemüse wird hier für jeden Gast zubereitet. Küchenchef Klaus Verheyden serviert ihn in verschiedenen Variationen. Zum Beispiel mit gebratenen Riesengarnelen. Dazu gibt es frischen Parmesan

Das Landhaus Köpp in Xanten

und den Fischsud. Eine interessante Spargelvariation. Zum Dessert genießen wir Erdbeeren, die ebenfalls aus der Region stammen.

Durch die Rheinauen geht es mit der Fähre „Rheinfels" entlang des Naturschutz-Gebietes Bislicher Insel. Ab jetzt kommt das Fahrrad zum Einsatz, denn der Niederrheiner – so heißt es – ist nur Mensch, wenn er Rad fährt. Wir radeln bis Xanten, das im Nibelungenlied als die Heimat Siegfrieds genannt wird. Doch historisch „handfester" haben hier die Römer ihre Spuren hinterlassen. Der Archäologische Park bietet uns mit seinen Rekonstruktionen römischer Bauten interessanten Anschauungsunterricht.

Und wie speisten die alten Römer? Auch zu dieser Frage erhalten wir bei unserem Besuch Einblicke. Im Archäologischen Park kocht man nach original römischen Rezepten und die Gäste sitzen in historischen Gewändern beim Mahl. Dieses besteht aus Römischer Gerstensuppe mit Liquamen, einem Gewürz aus Fischsud. Danach gibt es Hühnchen auf Numidische Art mit Kümmel, Ingwer und Honig, garniert mit Datteln und als Nachspeise Dulcia Domestica, eine Milchspeise mit Quark, Honig und Nüssen.

Abschmecken will gelernt sein

Mit dem Rad geht es weiter die Via Romana entlang bis Obermörmter ins Landhaus Köpp. Jürgen Köpp hat sich bereits einen Michelin-Stern und 17 Gault-Millau-Punkte erkocht. Wir dürfen bei einem seiner Kochkurse dabei sein. Heute weiht er eine Männergruppe in die Geheimnisse der gehobenen Niederrheinischen Küche ein. Als Hauptgericht gibt es Lammfilet mit Schalottenconfit, dazu Selleriepüree und anschließend Stielmus. Da wird geschnitten, gerührt und gebruzelt. Die Feinheiten

Lammfilet mit Schalottenconfit, Selleriepüree und Stielmus

REZEPT

Zutaten für vier Personen:
600 g ausgelöster Lammrücken; Salz, Pfeffer; einige Blätter frisches Basilikum
Schalottenconfit: 1 knapper EL Zucker; 0,2 l Rot- oder Weißwein; 200 g Schalotten; Speisestärke (je nach Bindefestigkeit); Portwein, nach Geschmack; Salz, Pfeffer, Thymian
Stielmus: 400 g Stielmus; 2-3 Scheibchen Butter; Schalotten; Salz, Pfeffer, Muskat; Trüffelbutter, nach Geschmack
Selleriepüree: 1 Knolle Sellerie; einige EL Sahne; Salz, Muskat; Trüffelbutter, nach Geschmack
Krusten-Masse für das Lammfleisch: 500 g frisches Weißbrot ohne Rinde; 40 g kalte Butter, in Würfel geschnitten; 1 Prise Salz

Zubereitung: Den Lammrücken enthäuten, von Sehnen und Fett befreien, mit Salz und Pfeffer würzen, in der Pfanne rosa braten. Mit fein geschnittenen Basilikumblättern marinieren. Für das Confit Zucker in einem Topf karamellisieren und mit Rot- oder Weißwein ablöschen. Kochen lassen, bis der Zucker vollständig aufgelöst ist. Schalotten hinzugeben und so lange garen, dass die Zwiebeln noch Biss haben. Die Schalotten herausnehmen und den Fond um die Hälfte reduzieren lassen. Mit Speisestärke abbinden. Mit Portwein und den Gewürzen abschmecken. Die fertig gegarten Schalotten wieder hinzugeben. Das Stielmus klein schneiden, gründlich waschen und in kochendem Salzwasser blanchieren. Anschließend in Eiswasser abschrecken. Butter in einer Pfanne zerlassen. Klein gewürfelte Schalotten hinzugeben und glasig dünsten. Das Stielmus dazugeben. Mit den Gewürzen und Trüffelbutter abschmecken. Für das Püree den Sellerie putzen, in grobe Würfel schneiden und in leicht gesalzenem Wasser weich kochen. Den Sellerie sehr fein pürieren und mit der Sahne unterheben. Mit Salz, Muskat und Trüffelbutter abschmecken. Für die Krustenmasse das Weißbrot in Würfel schneiden. Butter und Salz hinzufügen und zu einem gleichmäßigen Teig zusammenkneten.

Rezept von Jürgen Köpp, „Landhaus Köpp"

beim Abschmecken der Speisen besorgt der Meister selbst. Gerade diese kleinen Tricks will die Gruppe erfahren.

Einen kulturellen „Zwischengang" serviert uns das Wasserschloss Moyland in Bedburg-Hau. Das kastellartige Gemäuer beherbergt seit wenigen Jahren die umfassende Kunstsammlung der Brüder Hans und Franz Joseph van der Grinten. Sie vereint bedeutende Kunstwerke des 19. und 20. Jahrhunderts, die einen Bezug zum Niederrhein haben. Das Herzstück der Sammlung bilden über 4000 Arbeiten von Joseph Beuys. Mit einem Blick auf diese Sammlung und auf den herrlichen Schlosspark geht es für uns zurück an den Rhein.

„Fusion" in der Küche

Kurz nachdem der Strom die Grenze nach Holland überschritten hat, teilt er sich bei Millingen in Waal und Lek. Das heißt: Hier beginnt schon das Rheindelta. Unsere erste Station im Nachbarland ist die älteste holländische Stadt mit römischen Wurzeln, Nijmegen. Überragt wird sie von der St. Stevenskerk. Die Atmosphäre der Universitätsstadt ist typisch für die Niederlande: Treppengiebel, enge Gassen und Eckcafés bestimmen das Stadtbild.

Uns zieht es ins „De Fusie" an der Waalkade, dem Boulevard am Fluss. In der Musik bedeutet „Fusion" die Verschmelzung verschiedener Stile. In der Küche des „De Fusie" wird dies zur Philosophie. Rezepte aus aller Herren Länder werden miteinander kombiniert. Heute kocht der Chef Eric van Rosmalen für sein Personal mexikanisches Hähnchen. Wir lassen uns das Rezept für seinen leckeren Thunfischsalat mitgeben.

Mexikanisches Hähnchen im De Fusie

Nun geht es über den Waal. Mit der Fähre gelangen wir in die Betuwe,

Lauwarmer Spargelsalat mit Langustinos

REZEPT

Zutaten für vier Personen

Vinaigrette:
Apfelessig, nach Geschmack
1 Zwiebel
80 g kalte Butter
Salz, Pfeffer
Schnittlauch

Spargelsalat:
20 Langustinos (à ca. 100 g)
Öl zum Braten
320 g Spargel
4 EL fein gewürfeltes Gemüse, bestehend aus Möhren, Sellerie und Porree

Zubereitung

Für die Vinaigrette 0,2 l Wasser mit etwas Apfelessig und einer in Würfel geschnittenen Zwiebel auf ein Viertel der Menge reduzieren. Die kalte Butter in Würfel schneiden und unterrühren. Mit Salz, Pfeffer und Apfelessig abschmecken. Der fertigen, lauwarmen Vinaigrette noch frisch geschnittenen Schnittlauch beifügen.
Die Langustinos einige Min. kochen, ausbrechen und die Därme entfernen. Anschließend in einer Pfanne leicht anbraten.
Spargel und Gemüsewürfel nacheinander blanchieren und mit kaltem Wasser abschrecken.
Den Spargel auf einem Teller anrichten und die Langustinos darauf verteilen (pro Person 5 Stück). Darüber die Gemüsewürfel streuen. Zum Schluss die Vinaigrette mit einem Löffel auf dem Salat verteilen.

Rezept von Jürgen Köpp, „Landhaus Köpp"

das größte Obstanbaugebiet der Niederlande. Sein Zentrum ist Tiel. Hier findet im September der Obstkorso statt, ein spektakulärer Umzug mit Prunkwagen und Riesenfiguren aus Obst. Eine Jury prämiert das beste Fahrzeug.

Käse in allen Variationen

Wir wechseln zum Lek, dem anderen Rheinarm. Der Käse lockt uns nach Bergambacht, zur „Kaasboerderij Jongenhoeve". Hier macht Familie de Jong Käse noch nach altem Rezept. Natürlich dient dabei nur die Milch der eigenen Kühe als Basisprodukt. Diese wird zu jungem, mittelaltem und altem Gouda verarbeitet. Dabei gibt es fast alles als Zugabe, was der Kräutergarten bietet: Paprika, Knoblauch, Brennnessel, Pfeffer, Thymian, Majoran, Minze.

Gouda ist für uns das Stichwort, denn an einem Besuch der holländischen Käsestadt kommt man nicht vorbei. Dort findet im Sommer donnerstags der Käsemarkt statt. Vor der historischen Kulisse des Rathauses werden Käseräder auf alten Pferdefuhrwerken herangefahren. Die Käselaiber abgeladen, Proben entnommen, lautstarke Preisverhandlungen geführt, bis sich die Handelspartner schließlich mit einem kunstvollen Handschlag einigen. Das Ganze ist natürlich nur eine Showeinlage, aber uns stört das wenig. Wir genießen das historische Spektakel und die Köstlichkeiten des Marktes, beobachten die Käseträger und das Wiegen der Räder auf der großen städtischen Käsewaage.

Bei Kinderdijk fließt der Lek wieder mit dem Waal zusammen. Hier stehen die berühmten 19 Windmühlen, welche die Polder von Alblasserwaard in früheren Jahren trockenhielten.

Rundfahrt mit dem „Pfannenkuchenboot"

Ein Boot bringt uns nach Rotterdam. Im Zweiten Weltkrieg fast völlig zerstört, wird das Bild der Hafenstadt von moderner Architektur und internatio-

Thunfischsalat

REZEPT

Zutaten für vier Personen

320 g frischer Thunfisch, in feine Würfel geschnitten
gemischter Blattsalat

Sauce:
4 EL Limonensaft
3 EL Olivenöl
1 EL Sesamöl
1 EL brauner Zucker
1 EL frisch gehackter Ingwer
1/2 Knoblauchzehe
1 Rote Pfefferschote
1 Hand voll frischer Koriander

Zubereitung

Für die Sauce Limonensaft, Olivenöl, Sesamöl, Zucker, Ingwer, den fein gehackten oder gepressten Knoblauch, Pfefferschote und Koriander gut verrühren. Den Blattsalat anrichten, den Thunfisch hinzugeben und mit der Sauce übergießen.

Rezept von Chefkoch Erwin van Rosmalen, „De Fusie"

Kubuswohnungen in Rotterdam

nalem Flair geprägt. Euromast, Erasmusbrücke, Handelszentrum, Telecom Haus oder die Kubushäuser sind nur einige Highlights der Skyline. Das einzige Rotterdamer Stadtviertel mit alter Bausubstanz liegt allerdings außerhalb des Zentrums: „Delvshaven“. Hier gibt es noch holländische Tradition pur mit Antiquitätenläden, Museen, Restaurants, einer alten Brauerei und gemütlichen Kneipen.

Am Abend besteigen wir das Pannekoekenboot, das hält, was es verspricht. Während der Hafenrundfahrt können wir Pfannkuchen als einfache, Apfel- und Schinkenpfannkuchen mit unendlich vielen Zugaben genießen und zwar so viele, wie der Magen verkraftet. Der Rekord? „13 Stück in einer Stunde“, erfahren wir von Kapitän Wout Meijer. Aber auch mit ein paar weniger im Bauch kommt uns der anschließende Spaziergang durch das nächtliche Rotterdam gelegen. Er sorgt für die nötige Magenentlastung. So können wir uns am anderen Morgen schon wieder über ein besonderes Frühstück im mitten in der Stadt gelegenen Dudok freuen. Insbesondere der Apfelkuchen hat es uns angetan.

Hochprozentiges nach altem Rezept

Einige Kilometer flussabwärts in Schiedam stehen die fünf höchsten Mühlen der Welt. Sie mahlten einst das Korn für die Genever-Herstellung, von der die Stadt lange lebte. Heute wird dieser Schnaps längst in Fabriken gebrannt. Doch ab und zu werden die Mühlen noch in Betrieb genommen. Das Korn, das hier gemahlen wird, geht später an das städtische Branntweinmuseum. Dort entsteht in der historischen Anlage der hochprozentige Tropfen noch nach altem Rezept. Der Oude Genever ist dunkel und schmeckt kräftig, der Jonge ist ein echter Klarer. Wer Glück hat, kann mit dem Braumeister vom alten Fass eine Kostprobe nehmen.

Direkt neben Schiedam liegt Vlaardingen. Dort wird traditionell Anfang Juni mit einem großen Fest die Heringssaison eingeläutet. Überall gibt es den Nieuwe Haring, der frisch ausgenommen mit Zwiebeln gegessen wird. Auch 20 Kilometer weiter nördlich, in Scheveningen, wird der Heringstag mit einer historischen Segelregatta gefeiert.

Gestärkt wenden wir uns schließlich dem Sturmflutwehr in Maeslant zu. Es ist der Schlussstein beim Bau der Deltawerke, der weltweit einmaligen Schutzanlagen vor dem Meer. Hier begreift man, welche Anstrengungen das holländische Volk bei seiner friedlichen Landgewinnung auf sich genommen hat, ohne die es aber auch nicht in so großem Maße zum Obst- und Gemüseexporteur hätte werden können.

In Hoek von Holland heißt es dann, endgültig Abschied nehmen vom Rhein. Dünen und Sandstrände geben uns einen Einblick in die Charakteristik der holländischen Küste, bevor wir mit dem Lotsenboot aufs offene Meer hinaus fahren. Dort nehmen wir den Lotsen von einem der großen Containerschiffe auf. Während wir wieder Richtung Küste abdrehen, entschwindet der Ozeandampfer langsam am Horizont in der Weite des Meeres.

Dieser Beitrag beruht auf der Grundlage des Films von Ulrike Bartels und Dieter Zeppenfeld.

Das Sturmflutwehr in Maeslant

Adressen

Landhaus Köpp
Husenweg 147
46509 Xanten-Obermörmter
Tel.: 02804-1626
Tägl. geöffnet außer samstags mittags und sonntags abends

Walsumer Hof
Rheinstr. 16
47179 Duisburg Alt-Walsum
Tel.: 0203-491454
geöffnet ab 17.00 Uhr
Mo Ruhetag

Alte Bürgermeisterei
Walbecker Straße 2
47608 Geldern
Tel: 02831-89933
Fax: 02831-980172

Archäologischer Park,
Informationen bei:
Tourist-Information Xanten
Kurfürstenstraße 9
46509 Xanten
Tel.: 02801-98300
Fax: 02801-71664

Mueum Schloss Moyland
Am Schloss 4
47551 Bedburg-Hau
Tel.: 02824-951060
www.moyland.de

De Fusie
Chefkoch Eric van Rosmalen
Walkade
NL- 6503 GS Nijmegen
Tel.: 0031-24 -3606264

Café Brasserie Patisserie Dudok
Meent 88
NL-3012 AC Rotterdam
Tel.: 0031-20-4688538

Kaasboerderij Jongenhoeve
Mts. L.G. de Jong
Benedenberg 90
NL-2861 LH Bergambacht
Tel.: 0031-182-351229
Fax: 0031-182-351318

Sehenswerte Stationen auf der Tour durch das Gelderland ist Zaltbommel, bekannt für seine Festungsanlagen und die St. Maartenskerk. Weiter westlich bei Gorinchem liegt Schloss Loevestein aus dem 14. Jahrhundert. Einst Zollstation, später auch Gefängnis, dient es heute als Veranstaltungsort.

Die Rezepte im Überblick

Suppen

Hauptgerichte

Desserts